中公クラシックス W92

エピクテトス

語 録
要 録

鹿野治助 訳

中央公論新社

目次

エピクテトス——ストイックに生きるために　國方栄二　5
語録　1
要録　185
年譜　231
索引　241

エピクテトス——ストイックに生きるために

國方栄二

一

ニール・アドミーラーリーという言葉がある。「なににも驚かない」「なにごとにも動じない」という意味のラテン語である。夏目漱石の読者ならば『それから』の冒頭部で、主人公代助について「二十世紀の日本に生息する彼は、三十になるか、ならないのに既に nil admirari の域に達して仕舞った」と記されているのを覚えておられるかもしれない。哲学史では、ピュタゴラスやアナクサゴラスなどさまざまな哲学者と結びつけられているが、とりわけストイックな生き方を唱道するストア学派に似つかわしい表現である。この解説では、そのひとりであったエピクテトスについて紹介しながら、ストイックに生きることの意味について考えてみたい。まずは、この学派についての説明から始めることにしよう。

古代における世界征服者として知られるアレクサンドロス（アレキサンダー）大王がバビュロンで客死したのは前三二三年のことである。世界史では、それ以後はヘレニズム時代と呼ばれている。かつてはポリスと呼ばれる都市を単位とした国家がそれぞれ独立と自治を堅持していたが、大王の父ピリッポス二世とアレクサンドロスが率いるマケドニア軍がギリシアの各ポリスの軍隊を一掃しこれらを支配下におくと、ポリスの存在は有名無実のものとなってしまい一大帝国の中に組み入れられる。それにともない、以前にはプラトンやアリストテレスがポリスに学校を創建し、哲学を講じていたが、ポリスが崩壊すると、新しい時代に合った哲学が求められるようになった。ストア学派はそうした哲学学校の一つとして成立したのである。

ストア学派の祖とされるのは、キュプロス島の南岸に位置するキティオン市出身のゼノン（前三三五頃―二六三頃）である。貿易船に乗って航海中に、船が難破しアテナイ（アテネ）にやって来たとき、クセノポンの『ソクラテスの思い出（ソクラテス言行録）』に魅せられ、哲学に関心を抱くようになる。当時流行のキュニコス学派（犬儒派）のクラテスに師事し、その他にも論理学や自然学を取り入れた新しい哲学を提唱し、アテナイの広場アゴラの近くにあった彩色柱廊（ストアー・ポイキレー）の中で講義したことから、ストア学派と呼ばれるようになった。その哲学を大成したのは、三代目のクリュシッポス（前二八〇頃―二〇七頃）である。これは一般に初期ストア学派と呼ばれている。

その後、パナイティオス（前一八五頃―一〇九頃）、ポセイドニオス（前一三五頃―五〇頃）らの中期ストア学派を経て、彼らの哲学はローマに移入される。当時のローマでは、前一世紀後半にメンデスのトラシュロスという人がはじめて編纂したプラトン全集が出版され、続いてほぼ同じ頃にロドスのアンドロニコスが、将軍スッラがローマに持ち帰ったアリストテレスのそれまであまり知られていなかった著作集（今日にアリストテレス全集として知られているもの）を編んだものが刊行されたりして、国内にはかつてないほどに哲学の一大ブームが起こっており、そのような流行に乗って、ストア学派の思想もキケロなどを通じて紹介されていく。同時代の哲学思想にはエピクロスの快楽主義もあったが、こちらの書物は文人、貴族など比較的裕福な人びとの間でのみ読まれたのに比べて、ストア学派の思想はローマの一般市民に広く受け入れられた。そうしたなかで、ローマのストア学派が成立する。彼らは一般に後期ストア学派と呼ばれているが、皇帝ネロの家庭教師を務めたセネカ（前四頃―後六五）、奴隷の出自をもつエピクテトス（五五頃―一三六頃）、そして五賢帝の一人であったマルクス・アウレリウス・アントニヌス（一二一―一八〇）など顔ぶれも多彩であった。このように個性的な人物が多かったことに加えて、ローマ時代のストア学派の大きな特徴として、その倫理学的な性格がある。実践を重んじた当時のローマ人の好みに合わせて、ギリシアのストア学派がもっていた論理学や自然学の側面は比較的軽視され、もっぱら倫理的な問題に、すなわち人はいかに生きるべきかという問題に収斂していったのである（もっとも、セネカだけは例外的な存在で、自然研究や悲劇の創作などもあって、その仕事ぶりは他の二者よりも多面に及んでいた）。

本書が収録しているのはローマ時代のストア学徒であったエピクテトスの哲学思想である。この解説では彼の人物と思想を紹介しながら、エピクテトスの言葉を手がかりにして「ストイックに生きる」ことの意味について考えてみたい。「ストイック」という言葉を辞書で調べてみると、「禁欲的、克己的」とあるから、その一般的な印象は、まず耐えること、忍従を重んじるが、しかしあまり喜びというものがないような生きかたであろう。つまり、人生において人は幾度も大きな波に遭遇し、悲惨な出来事を経験することが多いけれども、はじめから人生に絶望しておけば、どんなに悲しいことでも耐えることができるわけだ。冒頭に紹介した「なににも驚かない」という言葉は、しばしばこのような意味で理解されてきた。しかし実は、こうした見方はストア学派の思想を誤解したものでしかないのである。以下においてこの点を明らかにしてみたい。今日の時代はエピクテトスが生きた頃とは比べものにならないほど多様化している。およそどんなものでもと言っていいくらいに多くのものが入手可能であり、私たちのもつ欲望、欲求はさまざまなものに向けられており、瞬時に満たすことが可能である。しかも、そうした満足の度合いは、それに至るスピード、すなわち効率のよさと比例している。その一方で、さまざまな欲望、欲求が充足される反面、私たちの心の中の空隙はますます広くなっている。時代の流れを逆行させることはできないが、人間はそうしたなかでつねに心の隅でなにか満たされないものを感じとっているのである。こうした時代を生きるために、ローマの哲人が何を語ってくれるのか。そうしたことを述べていきたい。しかしまずは、その哲学思想にふれる前に、エピクテトスの出自を紹介することから始めよう。

二

エピクテトスの生涯については、皇帝であったマルクス・アウレリウスなどとは異なり、ほとんど知ることができない。『ギリシア詞華集』（第七巻六七六）には、次のような碑銘詩が載っている。

エピクテトス、奴隷の身に生まれ、体は不自由
イロスのごとく貧しかりしが、神々の友なりき

イロスはホメロスの作品に登場する乞食の名である。作者不明の詩であるが、エピクテトスの墓に刻まれたものかもしれない。以下においては、わずかに遺された乏しい史料からその生い立ちを記しておく。

エピクテトスは紀元後五五年頃に、小アジアの南西部のプリュギア地方ヒエラポリスという町で奴隷の身分で生まれた。ある碑文によれば母親が奴隷であったとされているので、それが正しければ、生まれながらにして奴隷の境遇であったことになる。エピクテトスという名前も奴隷の身分を暗示していると考えられる。文字通りには「後から所有した」という意味の形容詞であり、クテートスは牛馬や奴隷などの所有物を表す語であった。

エピクテトスは後年ローマに連れていかれて、エパプロディトスという人物に仕えている。時代は紀元後一世紀のローマ、後世に暴君の名を残したネロ（ネロ・クラウディウス・カエサル）が支配した頃であった。六四年にローマの大火が起こったとき、ネロが悲劇作家を気取り、ローマをトロイアになぞらえて、のんびりと自作の叙事詩「トロイア陥落」を歌っていた。そのために、民衆はネロの放火ではないかと疑い、皇帝の権威はいよいよ失墜する。その後、軍人であり政治家であったガルバが民衆におされてネロを弾劾すると、ネロは元老院からも近衛兵からも見捨てられてしまい、短剣で自殺する。その自殺を幇助したのが、エピクテトスの主人であったエパプロディトスである。エピクテトスは足が不自由であったが、十世紀頃に成立した『スーダ』と呼ばれる古辞書ではリューマチがもとで跛行になったと記されているけれども、別の史料では主人のエパプロディトスから暴行を受けたためだと言われている（オリゲネス『ケルソス論駁』一・七など）。その後、九五年にエパプロディトスはドミティアヌス帝によってネロ帝の自殺幇助のかどで処刑された。詳細は分からないが、エピクテトスはそれより以前に、おそらく八一年頃には、奴隷の身分から解放されていたと考えられている。

エピクテトスが哲学を学んだきっかけは、ムソニウス・ルフスという人物に出会ったことである。わが国ではあまり知られていないけれども、ローマのストア哲学を知るうえで、きわめて重要な人物である。ルフスは何度かローマから追放されているが、エピクテトスがルフスに師事したのは二度目の追放から帰還した七九年のことだと考えられている。折しも、ウェスウィウス（ヴェスヴィオ）火山が噴火し、周辺の町々が灰燼に帰し、その一つであるポンペイが地中に埋没した年であった。一般のローマの子弟とは違って、奴隷の身分であったエピクテトスは、哲学に関するさまざまな情報をこのルフスから学んだものと考えられる。ルフスは八一年には亡くなるから、師から薫陶を受けたのはわずかな年月のことであろう。その後は自分で哲学の研鑽を積んだものと思われるが、時の皇帝ドミティアヌスが、キリスト教徒を迫害するとともに、その矛先を哲学者らにも向けたために、エピクテトス自身もエパプロディトスが処刑された九五年にローマから追放され、ギリシア本土の北西部エペイロス地方のニコポリスという町に移住する。そこで哲学の学校を創建すると、集まってきた若者たちを相手に哲学を講じることで残りの半生を過ごした。エピクテトスは八十歳あまりまで生き、一三六年頃に亡くなったとされている。

アリアノス（ルキウス・フラウィウス・アリアヌス、九五頃—一八〇頃）は、その後即位したローマ五賢帝の一人ハドリアヌスの寵愛を受け、執政官やカッパドキアの総督を務めた人物で、とりわけ『アレクサンドロス大王東征記』の著者として名高く、他にも『インド誌』などの作品を後世に残した作家として知られているが、若い頃にエピクテトスの学校で学んでいる。本書に収録されているのは、アリアノスが師の言行を書き記した『語録（ディアトリバイ）』と『要録（エンケイリディオン）』である。『語録』はエピクテトスとの対話形式で記されているが、これは冒頭の「アリアノスのルキウス・ゲッリウスにたいする挨拶」において著者自身が断っているように、エピクテトスの著作として編纂したものではなく、アリアノスがエピクテトスの対話をそのまま書き留めて遺したものである。とくに、『アレクサンドロス大王東征記』などの歴史書がアッティカ方言のギリシア語で書かれているのに対して、『語録』や『要録』はコイネー（共通語）と呼ばれるギリシア語が使われており（新約聖書が書かれたのがこのコイネーである）、創作よりは師の言葉を忠実に再現することが意図されていることがわかる。

『語録』を読んでいると気づくのは、エピクテトスの対話の相手がたいていの場合には若者、とくに二〇代の前半かと思われる人たちが多いことである。エピクテトスは晩年には著名になって、ハドリアヌス帝など名声を伝え聞いた人たちが訪れたりしているが、『語録』は学校の生徒を相手とした問答の記録と見ることができるだろう。一方、『要録』のほうはその書名の「エンケイリディオン（手中にあるものの意）」が示しているように、エピクテトスの思想を簡潔に表現した手引き書、ハンドブックの類である。『語録』はもともと八巻の書物であったようであるが、現存する四巻を読んだだけでも、いささか冗長の印象は否めない。これに比べて、『要録』は簡潔である分だけわかりやすく、すでに六世紀において新プラトン学派のシンプリキオスがこの書物の注解を書いており、キリスト教徒によってもよく読まれたようである。近代では、パスカルやゲーテが愛読し、ヒルティはその著『幸福論』においてドイツ語訳を収録して、幸福について考える人はまずこの書を繙くことを勧めている。一方で、近年の研究者の間では、格言めいた『要録』は比較的敬遠され、論理学や自然学への言及などを含んだ『語録』が重んじられる傾向があると言えるだろう。しかし、今日の読者にはそうした先入観は捨てて、直接にエピクテトスと対話する気持ちになって、文章の中に飛び込んでいくことをお勧めしたい。

三

まず『語録』の次の一節を紹介することから始めよう。(引用は鹿野訳による。本書は抄訳を収録しているので、章の数字はもとの原典と必ずしも一致していない。混乱を避けるために、例えば第一巻二〈一〉と記す。〈〉括弧内は原典の章の数字を表している。)

わしは死なねばならない。だがそれだからといって、嘆きながらそうせねばならないというのではあるまいね。縛られねばならない、でもそのうえ、悲しみながらというのではあるまい。追放されねばならない、だからといって、笑いながら、機嫌《きげん》よくゆとりを持ってそうされるのを、ひとが妨げるというのではあるまい。（『語録』第一巻二〈一〉）

これは見ようによっては、やせ我慢の哲学ともとれるだろう。奴隷は自由人の所有物であり、自由に売買され、気に入らなければ打擲を受け、時には死に至ることもあった。自分が死ななければならないとき、せめて嘆き悲しむことなく、笑って死のう、誰も自分の心までも支配することはできないのだ、と。しかし、エピクテトスが唱えるのはそのようなやせ我慢の哲学ではない。

続いて、次のように語られる。

「わしは、おまえを牢獄《ろうごく》にぶち込むだろう」

このちっぽけな肉体をですね。

「おまえを斬首するだろう」

いつあなたに、私の首だけは切れないなんていいましたか。

哲学を学ぶ者どもは、以上のことをよく考え、毎日書き、練習せねばならないのだ。（『語録』同箇所）

自分の力ではどうすることもできないような境遇や運命に置かれたとき、エピクテトスが主張するのは、ただひたすら耐えるしかないという忍従の哲学ではなく、むしろいかなる逆境にも動じない、不退転の強さなのである。以上の文は、「私たちの権内にあるものと私たちの権内にないものとについて」という表題の章に出てくる。本章は『語録』の巻頭に置かれており、『要録』でも最初に登場する。ここでエピクテトスが使っているのはアリストテレスの議論である。アリストテレスは『ニコマコス倫理学』において、「人間の意志は私たちの権内にあるものに関わる」(第三巻第二章)と述べている。ここで意志と訳したのはプロアイレシスという語で、「先んじて(プロ)取ること(ハイレシス)」というのが文字通りの意味で、選択とも訳される。また、「私たちの権内にある(エピ・ヘーミン)もの」とは、力の及ぶ範囲のこと、私たちが今実際になしうることがらを指している。つまり、意志はつねに行為可能なことがらを対象としている、ということである。エピクテトスはこのアリストテレスの議論を引き継ぎながら、意志はつねに私たちの権内にあることを対象にするから、これだけはどのような状況下にあっても、妨げられたり強制されたりすることはなく、したがってそこにこそ人間の自由があると考えた。逆に言えば、私たちの権内にないもの、つまり私たちの心の外にあるものについてなにかを求めることは無益だということになる。エピクテトスはこうした外的なことがらに心を向けたり、望んだりすることをやめよと言っているのである。

こうしたエピクテトスの主張に対して、疑念を抱く人がいるかもしれない。あらゆる外的なものに対する欲求を断ち、自分の心の内だけに閉じこもるような生き方は、あまり魅力のある生だとは言えないのではないか。はじめから絶望しておけば、心はもはや苦しむことがないかもしれないが、何かに挑戦する気持ちを捨てて、その前に諦めてしまうことではないだろうか。現代に生きる私たちは、はたしてこのような生き方を受け入れることができるだろうか。しかしながら、これは明らかにエピクテトスの主張を誤解しているのである。私たちは一般に幸・不幸を外からあたえられるものと考えることが多い。どんなに働いても収入が少なければ、政治が悪いからだと考える。つまり、私たちは外的な要因によって幸福であったり不幸であったりすると考えているのである。しかし、よく考えてみれば、そうした要因は偶然によって左右されることが多いのもまた事実である。エピクテトスが私たちに問いかけているのは、なにか偶然的な要因で自分が不幸と感じている場合に、それは本当に不幸なのだろうか、あるいは幸福感を味わっているときに、それは本当に幸福だと言えるのだろうか、ということである。そして、エピクテトスが私たちに教えているのは、いわゆる不幸な境遇にあっても私たちは幸福であることは可能だということなのである。挑戦しても敗北が目に見えているような事柄でも、自分が相応の努力をするならば、結果いかんに関わりなく、私たちはそのことによって心の満足を得ることができるだろう。すなわち、この哲人はあらゆる外的なものから自分を遮蔽してしまうことを勧めているのではなく、そのようなことがらに対して私たちがいかなる態度をとるかが大切だと言うのである。ここで言われている私たちの権内にあることとは、具体的に言うならば、「意見、意欲、欲求、忌避」（『要録』一）のことである。そうしたものの持ちようによって、私たちがどれほど不幸と思われる境遇にあっても、幸福感を味わうことができる、と言うのである。

四

しかしながら、人生では不運な目に遭遇することはけっして少なくない。そうすると、悲しい出来事が起きた場合に、その悲しみを押し殺すのがストイックな生き方だろうか。これについても、答えは否である。悲しいときには悲しいという感情を示すのがもっとも自然なことであろう。つまり、涙を抑えることがストイックな生き方であるのではないのである。むしろ大切なのは、涙を流すような出来事に出会った場合に、私たちがどのような態度をとるのかという点にある。『語録』（第二巻六〈十八〉）のテーマは「心像にたいして、いかに戦うべきか」である。心像とは、ギリシア語でパンタシアーと言うが、心に現れるいっさいのものを指している。私たちはさまざまな欲求や恐怖の対象に心を奪われ、しばしば理性的な判断ができなくなる。私たちがこうした気持ちになるのは、向こう側にある対象そのものではなく、その対象によって私たちの前に現れている心像のためである。こうした心像とどのように戦えばよいのだろうか。エピクテトスは、次のように語っている。

「心像よ、ちょっと待ってくれたまえ。おまえはなになのか、なにについての心像なのか見させてくれたまえ、きみを調べさせてくれたまえ」というがいい。

それから、そのつぎのことを心に描いて、それに導かせることはしないがいい。もしそうでなければ、心像はきみをつかまえて好きなところへおもむくだろう。(中略)このような心像にたいして、自分自身を鍛える者こそ、本当の修行者なのだ。

ここで修行者と訳されているのは、ギリシア語でアスケーテースと言うが、訓練をおこなう者の意味である。悪しき欲望や恐怖から逃れるためには、私たちはみずからの精神を鍛える必要がある。引用した章の冒頭には、「すべての習性と能力とは、それに対応する活動によって、維持され、また増進される」という言葉がある。歩いたり疾走したりすることで、歩行や疾走の能力が増進するように、あるいは読んだり書いたりすることで、読み書きの能力が維持されるように、倫理的行為もたえずそれを実践するようにしなければならない。「一般に、もしきみがなにかをしようとするならば、常習的にするがいい」(同箇所)とも言われている。

この訓練、修行には三つの段階がある(『語録』第三巻〈二〉)。その第一は欲求と忌避に関わっている。この段階で過って知性の声を聞くことができなければ、欲しているのにそれが起こらなかったり、欲していないのにそれが起こったりする。そのために不安、混乱、不幸、不運をもたらし、悲哀、悲嘆、妬み、嫉妬を引き起こすことになる。したがって、この段階が哲学する者にはきわめて重要である。第二は義務に関するものである。義務はギリシア語ではカテーコンで、適切な行為と言うほうが字義に近い。人は彫像のように無感覚であってはならず、親子、兄弟、市民などとの関係において適切な行為をすることによって、しかるべき他者との関係を築いていかねばならない。そして、第三は哲学においてある程度進歩を遂げた段階であって、知性によって吟味されていない心像に欺かれない、あるいは性急に判断を下すようなことがないようにする段階である。ここではシュンカタテシスという言葉が用いられている。シュンカタテシスは承認とか同意とか訳されたりするが、いずれにせよ、現れてくる心像を知性が十分に吟味したうえで、これを承認し受け入れることである。これらの三つの段階を経ることで、平静な心を得ることができる。ストア学派はこの状態を無情念（アパテイア）と呼んでいる。哲学はこの無情念の境地に至ることを目標としているのであるが、これはしばしば誤解されるような、外的なものの一切から自分を遮断して、「彫像のような無感覚」の状態を目指すことではないのである。

右に述べたことをエピクテトスが挙げる例によって確認してみよう。例えば、病気である。病気は一般に忌避すべきことであるが、しかし病気になるのは避けがたいことでもある。そして、エピクテトスによるならば、病気はそれ自体として悪ではないのである。病気は肉体の妨げとなっても、意志の妨げとはならないだろう。足が不自由であれば歩行の妨げとなるが、これも意志の妨げとはならないだろう。つまり、他のなにかの妨げにはなっても、自分自身の妨げにはならないのである（『要録』九）。そして、善や悪は意志によって決まってくるから、病気は、そして健康も、悪でも善でもないことになるのである。しかし、病気にかかったり、足が不自由だったりするのは辛いことである。そうしたことがもたらす心像に正しく対処するためには、私たちの精神は強くなければならない。こうしたさまざまな心像に対して自分自身を鍛える必要があるのは、そのためである。

もうひとつ例を挙げよう。誰かがあなたが大切にしているものを割ってしまったとする。エピクテトスは、よその小僧がコップを割った例を挙げている（『要録』二十六）。それがあなたが大事にしているものであれば、当然ながら平静ではいられないだろう。しかし、その時私たちが言うべきことは、「それはよくあることだ」ということである。しかし、妻や子供が死んだときはどうであろうか。よその家の妻子であれば、「人間の運命です」と言って済ますことができるかもしれない。しかし、自分の妻子ならばどうであろうか。その時には、「なんて不幸な私なんだ」と叫ぶであろう。しかし、そのような時にエピクテトスが勧めているのは、他人の場合に自分が抱いた気持ちを思い出せ、ということなのである。このようなエピクテトスの発言に対して、疑問に思う人がいるかもしれない。自分の妻子が死んでも平静であれというのは狂気の沙汰ではないのか、と。しかし、ここで注意すべきは、エピクテトスが悲しむなと言っているのではないということである。むしろ、嘆くのがよいのだ。しかし、心底から嘆いてはならないというのである（『要録』十六）。もちろん、このような心境に至るためには精神の強さが必要である。冒頭に挙げた「ニール・アドミーラーリー」すなわち「なににも驚かない」という言葉は、一般にストア学派のモットーとしてよく引かれる言葉であるが、その意味するところは諦念ではなく、むしろどのような心像と遭遇してもけっして自分を見失うことのない不退転の精神の強さなのである。

五

エピクテトスの思想を考えるときにもうひとつ重要なのはその運命論である。一般にストア学派では、一切の存在は運命にしたがっていると考えられている。この点では、原子論の立場にたち、原子（アトム）の動きに偶然的な性格を見出して運命論を否定したエピクロスの学派とは異なっている。ストア学派では、あらゆるものが必然的に運命にしたがうので、いかなる出来事であってもそのようなものとして受け入れなければならない。また、運命は神の意志でもあるから、神の摂理（プロノイア）すなわち神的な理法の存在を認めることになる。初期ストア学派のクリュシッポスには、今日には残っていないが『運命について』という著作があったことが知られている。後代の著作家のストバイオスが、そこには次のような言葉が記されていたと伝えている。「運命とは宇宙の理法である。宇宙において摂理によって統括されている理法である。過去の出来事がそれによって生じた、現在の出来事がそれによって生じる、未来の出来事がそれによって生じるであろう理法である」（『精華集』第一巻五・一五）。ストア学派は「自然にしたがって生きる」ことを至上としたが、それは宇宙の理法にしたがうことであり、神にしたがうことである。このように考えるとすると、摂理によって定められたことを受け入れるのが賢明であって、これに逆らうのは愚かだということになる。これについてストア学派が用いたのは犬の例である。車につながれた犬は、自分の意志でついて行こうとすれば、必然とともに自由をも行使することになるが、これに逆らうならば、ただ引きずられていくだけで、自由を行使することにならない（ヒッポリュトス『全異端派論駁』第一巻二一・二）。ここではいわゆる自由意志と運命・必然の関係が犬を例に語られているのがわかるだろう。けれども、一切が運命や必然にしたがうのであれば、私たちがもっている自由意志をどのように考えればいいのだろうか。

ここで私たちはストア学派の思想を考えるうえで、最大の難関に遭遇しているのである。私たちが今日に努力を重ねるのは、将来に起きることがらに影響をあたえうると考えるからである。けれども、私たちが奮闘し懸命になっておこなった結果が、運命によってすでに決定されているとしたらどうであろうか。運命論は私たちの今日の努力を無意味なものにするのではなかろうか。こうした疑問が起きるのは当然のように思われる。しかしながら、このように考えるのはストア学派の運命論を正しく理解していないからなのである。先にもふれたが、私たちがもっている意志（プロアイレシス）は、私たちの力の及ぶ範囲のことを対象にして、これを欲求したり忌避したりするのであるが、この精神の働きこそ真の意味で私のものであり、自由なものであった。したがって、私たちの倫理的行為は自由な意志のもとでおこなわれるのである。しかしその一方で、過去、現在、未来において起こることは、すでに神が描いた摂理のもとで決定されているのである。これはどういうことであろうか。もしも将来において自分が失敗する人生がすでに描かれていて、しかもそれを熟知していたとしたら、現在においてそのために努力することはまったく無駄なことであろう。いくら努力したとしても、その結果はわかっているからである。しかし、ストア学派が考えていたのはそのようなことではない。エピクテトスから例を引いてみよう。

記憶しておくがいい、きみは劇作家の欲するような演劇の俳優である、作家が短いのを欲するなら短い劇の、長いのを欲するなら長い劇の。もし作家がきみに乞食《こじき》を演じさせようとしているのなら、それを似つかわしく演ずるようにしたまえ。演ずる役が足の不自由な人間でも、役人でも、私人でも、同じことだ。というのは、きみの仕事は、与えられた役をりっぱに演ずることであるが、それを選ぶことは、他者である神の仕事であるからだ。（『要録』十七）

ここで作家と言われているのは神のことである。摂理とは神が描くシナリオのことであるが、それは人間があずかり知らぬものである。俳優は自分が演じる劇のシナリオを熟知したうえで、これにしたがって演じるものである。しかし、エピクテトスがここで述べているのは、俳優は自分が演じる役が、足の不自由な奴隷であるとか、あるいはこれを所有する主人であるとかは了解しているが、その役がどのような結末を迎えるかを知らないような、言うならば台本を渡されずに演じるということなのである。その台本を手にしているのは神であって、私たち人間はその筋書きを知らないのである。したがって、私たちは自由意志にもとづいて行動するのであるが、物語のシナリオである神の摂理は人知を超えたかなたにあるのである。

六

もうひとつ考えてみるべき問題がある。それは一般にストア学派は自殺を肯定したと言われることである。人間は自分の自由意志の対象となりうるものについて、気高く、自由に行動しなければならないが、自分という存在に対する尊厳が失われてしまうような場合はどうなるのか。セネカは奴隷となることを強制されて自殺した青年の例を挙げている（『倫理書簡集』七十七）。そこでは個人の尊厳（ディグニタース）を守るための自由（リーベルタース）が語られている。自殺についてエピクテトスは、

自由への唯一の道は従容として死ぬことである。（『語録』第四巻〈一〉）

私がそれほど惨めであるならば、死は難を避ける港である。死はあらゆるものから逃れる港であり、避難所である。（『語録』第四巻〈十〉）

と述べている。ストア学派は自殺を肯定していると一般に考えられていて、その点では自殺を否

定したプラトンと好対照であるとみられてきた。しかし実は、これは哲学の歴史についてしばしばみられる誤解のひとつなのである。プラトンの問題の箇所は、ソクラテスが人間を神の所有物に喩える場面であるが（『パイドン』六二B）、この自殺禁止論の背景には当時のオルペウス教あるいはピュタゴラス学派の影響があるのではないかと考えられている。それはともかくとして、この箇所をよく注意して読むと、「いま私があたえられているような運命の必然を、神がくだすまではみずから命を絶ってはならない」（六二C）と語られている。この必然が具体的には何であるかについては、『パイドン』には詳しい説明はないが、プラトンの晩年の著作『法律』において論じられている。ここでも自殺が禁じられているのであるが、例外となる事項が定められていて、国家が裁判によってこれを科したような場合、非常に苦しく逃れることのできない運命に見舞われたような場合、そして救われる見込みもなく、生きていけないような辱めを受けた場合を挙げている。こうした例外を除いて、安易な気持ちから自殺することが禁じられているのである。普通私たちは、ソクラテスが裁判で死刑を宣告され、牢獄で処刑されるような事例を自殺だとは考えないだろう。しかし、当時のアテナイでは刑の執行は毒ニンジンをすりつぶしたものを死刑囚が自分で飲むという形態でおこなわれていたから、刑死はみずからの手で死ぬという意味で、広義の自殺とみなされていたのである。

プラトンがやむをえない自殺と認めた事例は、実はそのままストア学派においても踏襲されている。彼らが挙げる事例は次のようなものである。祖国や友人たちのためにみずから命を絶つような場合、そして不治の病にかかったような場合である（ディオゲネス・ラエルティオス『ギリシア哲学者列伝』第七巻一三〇）。このような事例においては、みずから死を選ぶのが正しいと考えられている。キケロはこうした自殺がストア学派においては「義務（officia）」とみなされたと述べている（『善悪の究極について』第三巻六〇）。自殺が義務だとは、と不思議に思われるかもしれない。ここで言われるラテン語のオッフィキアは、ギリシア語では先にふれたカテーコンであり、文字通りの意味は「ふさわしい行為」の意味である。つまり、こうした特別な場合における死の選択は、人間としてふさわしい行為とみなされているわけである。

ローマのストア学派の議論には、共和制末期に保守派を代表しカエサル（シーザー）に対抗するが、敗れて自殺した政治家小カトー（カトーには二人いて、キケロと親交のあった若いほうのカトーは小カトーと呼ばれる）の死が、よくソクラテスと比較されて登場する。小カトーは死の直前にプラトンの『パイドン』を繰り返し読んでいたとされるから、ソクラテスの死をみずからの死のモデルとして考えていたと十分に想像することができる。キケロは、神の許しなしにはなんぴとも自殺することは許されないが、小カトーにはそうするための十分な理由（causa iusta）があたえられていたのだ、と述べている（『トゥスクルム荘対談集』第一巻七一以下）。こうしたことを十分に理解しなければ、エピクテトスの言葉の真意をつかむことはできない。自殺に関してエピクテトスは次のようにも述べている。

神が合図して、きみたちをこの奉仕から解放してくれるとき、その時こそ神のところへ立ち去るがよい。しかし、現在のところは我慢して、神がきみたちを配置したその場所にとどまっているのがよいのだ。（『語録』第一巻〈九〉）

この言葉は、現在の境遇を嘆いてその奉仕（生きながらえること）から解放されることを望んだ人に対して語られたものである。エピクテトスは安易な自殺を支持しない。この点ではプラトンも、ストア学派の他の哲学者たちも意見を同じくしているのである。つまり、ストア学派が考えるような自殺、裁判において死刑を宣告される、あるいは治癒不可能な病気に冒され今日の言葉では安楽死を望むというような意味での自死は、神意にそむくものではなく、むしろ神からあたえられた合図にしたがって、死を選ぶことを意味しているのである。

先に挙げた「死はあらゆるものから逃れる港であり、避難所である」という一文の意味は、その直前に書かれた言葉を読むことではじめて理解することができる。

「あなた（神）が私を生んでくれたことに、私は感謝しています。あなたがあたえてくれたものに、私は感謝しています。こんなに長い間あなたのものを使用して、私は満足しています。それらをまたもとに戻して、お好きな場所に置いてください。すべてはあなたのものであり、あなたは私にそれらをくださったのですから」。このような気持ちでこの世から去ることで満足ではないか。そして、このような生よりもすぐれた、立派な生がほかにあるだろうか。どんな終わりがより幸福であろうか。(『語録』第四巻〈一〇〉)

エピクテトスの思考と行動を支えているのは、つねに神であった。多神教の世界に生きたエピクテトスは神とも神々ともゼウスとも呼んでいるが、その意味するものは同一である。神に絶対的に帰依するといっても過言ではないように、神にしたがって生きることであった。すでに述べたように、ストイックに生きることは、自分の将来を運命論的に考えて、諦めてなにもせずにひたすら耐えるようなことではない。人間は自分の前に立ち現れる心像に対して、みずからの意志によって自由に行動することができる。しかし、それがどのような結末を迎えるかは人知の及ぶところではないのである。最後にエピクテトス自身の言葉を引用して、この解説を終えることにしたい。

幸福であるために、自由であるために、気高い心をもつために、今の自分の思いを捨てよ。そして、あたかも奴隷の身分から解放された人のように、ひとつ頭を持ち上げるのだ(『語録』第二巻〈十六〉)

〔本書を読むための参考書〕

『人生談義』全二冊、鹿野治助訳、岩波文庫、一九五八年。(エピクテトスの『語録』『要録』の全訳

のほか、関連の断片訳を含む)
『エピクテートス――ストア哲学入門』鹿野治助著、岩波新書、一九七七年(エピクテトスのみならず、ストア学派哲学全体の解説書にもなっている)
ディオゲネス・ラエルティオス『ギリシア哲学者列伝(中)』、加来彰俊訳、岩波文庫、一九八九年
『初期ストア派断片集』全五冊、中川純男他訳、西洋古典叢書、京都大学学術出版会、二〇〇〇~〇六年

凡例

一　本書は中公バックス版「世界の名著14　キケロ　エピクテトス　マルクス・アウレリウス」（責任編集　鹿野治助、一九八〇年刊）所収のエピクテトス『語録』『要録』をもとに編集したものである。

一　『語録』訳文の欄外上部に記した漢数字（五、一〇、二〇など）は分節番号である。訳注は（一）の番号で示し、章および節ごとにまとめた。なお一部訳注を國方栄二が補足加筆した。

一　本書には一部今日の人権意識においては不適切と思われる語句が使用されているが、刊行当時の状況に鑑み、そのままとしたものがある。

一　読みやすさを考慮し、一部句点、ルビを補い、改行した箇所がある。

語録

目次

アリアノスのルキウス・ゲッリウスにたいする挨拶　V

第一巻

一　摂理について　1
二　私たちの権内にあるものと私たちの権内にないものとについて　5
三　哲学はなにを約束するか　12
四　摂理について　14
五　まちがった者を怒るべきでないということ　21
六　家庭の愛情について　26
七　理性はいかにして自分自身を考察するかについて　35
八　困難にたいしてどのように戦うべきか　39
九　同じ問題について　44
十　剛毅について　51

第二巻

一　大胆は慎重に矛盾しないということ　65
二　平静について　75
三　いかにして、おおらかな心と、注意深さとが両立するか　79
四　哲学のはじめはなにか　85
五　不安について　91
六　心像にたいして、いかに戦うべきか　98
七　エピクロス学派とアカデメイア学派にたいして　104
八　語る能力について　114
九　どうして論理は必要であるか　124
十　過失に固有のものはなにか　125

第三巻

一　おしゃれについて　129

二　雑　集　142
三　注意して交際せねばならぬということ　144
四　ふつうの人の立場と哲学者の立場　147

第四巻

一　社交について　149
二　なにとなにとを交換すべきか　151
三　平静に生活しようと、一所懸命になっている人たちにたいして　154
四　清潔について　165
五　注意について　174
六　自分のことを軽々しくしゃべる人たちにたいして　178

アリアノスのルキウス・ゲッリウスにたいする挨拶

拝啓
一　私は、エピクテトス先生のことばを、ひとがこの種のものを書くようなふうには書きませんでした。またそれは、私自身が世間に発表したのでもありません。私は少なくとも、その著者ではないのです。
だが私は、およそあの先生がお話しになるのを聞いたことは、できるだけそのままのことばで書いて、私自身のため、先生の考え方や遠慮のない話しぶりを、のちのちの思い出に保存しておこうとしたのでした。ですから自然これは、ちょうどひとが相手にその場で話すようなふうのものであって、いつか人々に読ませるつもりで書いたような性質のものではありません。こういうわけで、この本は、私は世間へ出すつもりもなかったし、また知らないでいたのに、どうしてか知りませんが、いつのまにか世間へ出てしまったのです。

五　しかし、たとえ私が書くのに才能が十分でないと思われても、私にはたいしたことではありません。また、たとえひとがエピクテトス先生のことばを軽蔑《けいべつ》しても、あの先生にとってはさほどのことではありません。と申しますのは、あの先生がそれらのことを話しておられるとき、ほかに望みがあったわけではなく、明らかに、ただ聞いている人たちの心を最善なるものに向かわせようと目ざしていただけなんですから。

それでまさにこの効果を、もしこれらのことばが与えているならば、私の思うに、哲学者たちのことばが持つべきものを持っているというものでありましょう。だがもし与えていないならば、むしろ読者は、先生自身がそれらのことばを話されていたときは、その聞いている人は、あの先生が与えようとしていたその感化を受けざるをえなかったのだ、とご承知ありたい。だが、もしこれらのことばを読むだけで、この感化を得られないなら、たぶん私の責任でありましょうし、またたぶん、そうならざるをえないでしょう。

敬具

(1) ローマ帝政期の歴史家、哲学者（一―二世紀）。エピクテトスの弟子で『語録』『要録』の著者。國方栄二「エピクテトス――ストイックに生きるために」（以下「解説」と記す）一一～一二ページを参照。

第一巻

一　摂理について（一・一六）①

一　他の動物どもには、その肉体に必要なものは、食べ物や飲み物ばかりでなく、寝床さえも用意されていて、靴《くつ》も毛布も着物も必要でないのに、わしどもにはそれらすべてが必要だからといって、変に思わぬがいい。というのは、彼ら自身のためにでなく、他へ奉仕するようにできているものが、他のものを必要とするようにつくられていては、都合がよくないからだ。なぜかといえば、まあ考えてみるがいい、わしどもが、自分たちについてだけでなく、羊や驢馬《ろば》についても、どう着物を着せ、どう靴をはかせ、どのように食わせ、どのように飲ませたらいいかと気を遣《つか》うのであったら、どんなことであったろう。いやそれはちょうど、兵士たちがその指揮官にとって、靴をはき、服を着、武装をして、用意ができているようなものだ。だが、もし千人の長たる指揮官が、ぐるぐるまわって、千人の兵にいちいち靴をはかせたり、服を着せたりせねばならないとしたならば、たいへんなことだろう。それでそういうふうに自然もまた、奉仕するようにできているものを、ちゃんと用意ができていて、さらになにも世話の焼けないようにつくっておいたのだ。そういうわけで、たったひとりの子どもでも、笞《むち》で羊を駆ることができるのだ。

　ところでいまわしどもは、それらについては、自分たちについてと同じほど世話が焼けないことを感謝しないでおいて、自分たちのことで神を非難しているのだ。とはいえ、ゼウスと神々とに誓っていうが、被造物のただ一つでもが、つつしみ深い、そして感謝深い人にとっては、摂理を感じさせられるのに十分なのだ。そしていまわしは、たいしたことをでなく、まさにこの草から牛乳が生じ、牛乳からチーズが、そして皮膚から羊毛が生じるということをいうのだが、それらをつくり、もしくは案出した者は、だれなのだろうか。「だれでもない」とある人はいう。おお、なんという無感覚、なんという恥知らずなんだろう。

　さあ、わしどもは自然の本業のほうは眼中におかないで、副業のほうを考察してみようではないか。あごひげよりも、もっと無用なものはあるまいね。そうすると、どういうことになるか。自然はそれらをも、できるだけ適切に用いることはできなかったのか。いや、それらによって、男性と女性とを区別したのではないか。遠く離れているのに、わしどもそれぞれの自然は、「私は男だ、そう心得て私に近づくがいい、そう心得て話すがいい、他のことはなにも求めるな、このしるしを見よ」と叫んでいるではないか。

それにたいして女のばあいには、自然はその声のなかに、なにかより軟らかなものを混ぜたように、ひげも奪ったのである。いや、むしろ、人間なる動物は男女区別されずにおかれ、そしてわしどもはいちいち、「私は男である」と叫ばねばならないのか。しかしそのしるしは、なんと美しく、似つかわしく、そして堂々としていることだろうか。それは鶏のとさかよりもどんなに美しく、ライオンのたてがみよりもどんなにみごとであることだろうか。だから、神から授かったしるしを保持せねばならないし、また、それを捨てるべきでも、その区別された性を、できるだけ、混同すべきでもない。

一五 これらだけが、わしどもにおける、摂理の仕事なのか。また、どのようなことばが、いちように、それら摂理を賛美したり、描写したりするのに十分だろうか。わしどもに分別があれば、どうだね、わしどもは公的なばあいにも、私的なばあいにも、神を賛美したり、賞賛したり、その慈悲を数えあげるべきではなかろうか。掘っているときも、鋤《す》いているときも、食っているときも、神の賛美歌をうたうべきではなかろうか。「偉大なるかな神、神はわれらに地を耕すこれらの道具を与えたまえり。偉大なるかな神、神は手を与え、喉《のど》を与え、胃を与え、知らぬまに成長させ、眠りながら呼吸させせたまえり」と。それぞれのばあいに、かくうたうべきである。

そして神は、わしどもにそれらを理解する能力と、道にかなった使い方をする能力とを与えたもうたという、もっともたいせつで、もっとも神的な賛美歌をうたうべきである。そうすると、

三〇 どういうことになるか。きみたちの多くは、盲目になっているのだから、だれかがその埋合せをして、みんなのために神の賛美歌をうたうべきではないのか。いったい跛行の老人であるわしは、神を賛美するのでなければ、他のなにができるだろうか。とにかく、もしわしが夜鳴鳥であったとするならば、わしは夜鳴鳥のすることをするだろうし、また、もし白鳥であったとするならば、白鳥のすることをするだろう。ところで現に、わしは理性的なものなのである、わしは神をたたえねばならない。これがわしの仕事である、わしはそれをする、そしてわしにこの地位が与えられているかぎり、それを捨てないだろうし、また、きみたちに同じこの歌をうたうよう、すすめるだろう。

(1) この（ ）括弧内の数字は、テクスト中の巻・章を示している。

二　私たちの権内にあるもの[1]と私たちの権内にないものとについて（一・一）

一　他のもろもろの能力のうちどの一つも、自分自身を考察するものでないこと、したがって、自分自身を是認したり否認したりするものでないことを、きみたちは発見するだろう。読み書きの能力は、どの程度まで、考察する力を持っているだろうか。それは文字を判定するまでだ。音楽の能力はどうか。それは旋律を判定するまでである。それでは、それらのなかのどれかが、自分自身を考察するだろうか。いや、けっしてしない。

しかしもしきみが、友人になにか手紙を書こうとして、その文字を必要とするときは、読み書きの能力が話してくれるだろう。だが、その友人に書くべきか書くべきでないかは、読み書きの能力は話してくれない。また同様に、音楽の能力は、旋律について話してくれる。だが、いまうたい、竪琴《たてごと》[2]をならすべきか、もしくは、うたうべきでも竪琴をならすべきでもないかは、話してくれない。

では、なにが話してくれるのか。それは、自分自身を考察し、また、他のすべてを考察するものがなのだ。では、それはなになのか。それは、理性的能力である。というのは、それだけが自分自身をも考え――つまり理性的能力とはなにであるか、なにができるか、そしてどれほど値打ちがあるかを考え――、また、他のすべてを考えるものとして、わしらに授かっているからである。いったい黄金を美しいというものは、他のなになのか。というのは、黄金自身はそうはいわないだろうから。明らかにそれは、心像を使用する能力がいうのだ。他のなにが、音楽や、読み書きや、その他の能力を判定し、それらの用途を吟味し、そしてその用いる時機を示すのか。他のなにものでもない。

ところでこれは当然のことであったが、神々はすべてのうちでもっとも有力で肝要なもの、すなわち心像の正しい使用だけを、私たちの権内においたが、その他のものは、私たちの権内におかなかった。そもそもそれは、神々がそれを欲しなかったからだろうか。わしは、神々にもしそれができたなら、それをも私たちのうちにおいただろうと思う。しかし神々は、それがぜんぜんできなかったのだ。というのは、わしらが地上に住んでおり、このような肉体や、このような仲間に縛られているかぎり、わしらはどうしてこれらの点で、外界のものからじゃまされぬことができただろうか。

しかしゼウスは、なんというだろうか。「エピクテトスよ、もしできたならば、わしはおまえの小さい肉体や、わずかな財産をも、自由で、じゃまされないものとしたことだろう。だが現に——忘れるでないぞ——、これはおまえのものではなくて、うまくこねられた粘土[3]なのだ。で、わしはそれができなかったからこそ、おまえにわしどもの一部、すなわち意欲と拒否の能力、欲求と忌避の能力、つまり心像を使用する能力を与えたのだ。それでそれに注意し、そのなかにおまえのものをおくならば、おまえはけっしてじゃまされもしないだろうし、また、けっして妨害されもしないだろう。また、嘆いたり、非難したり、なんぴとにもへつらったりしないだろう。どうだね、それらのことをおまえは、つまらぬこととは思わないだろうね」

「けっして思いません」

「それでは、それらのことで満足するかな」

「ええ、満足できるように、神々に祈っています」

ところで現にわしらは、ただ一つのことに気をくばり、ただ一つのことに専心することができるのに、かえって多くのことに気をくばり、多くのこと、つまり肉体や、財産や、兄弟や、友人

一五 や、子どもや、奴隷に縛られたがっているのである。かくて、わしらは多くのものに縛られるから、それらによって重苦しくされたり、引き倒されたりするのだ。だから、もし航海に都合の悪い天候であるならば、わしらはいらいらしてすわりながら、たえず様子を見ているのだ。

「何風が吹いていますか」

北風だ。それはわしらに、なにかかかわりがあるか。

「いつ西風が吹くでしょうか」

それは西風の気が向いたときだよ、ねえきみ、あるいはアイオロス[4]の気が向いたときだよ。というのは、神はきみを風の管理者としたのではなく、アイオロスをそうしたのだから。そうする

と、どういうことになるか。私たちの権内にあるものは、これはもっとも善《よ》いように手配せねばならないが、他のことは、本来あるように使用せねばならないことになるわけだ。

「それでは、本来あるようにとは、どういうふうにですか」

神が欲するように、ということさ。

「それでは、いま、私だけが首を切られねばならないのですか」

なに？　きみはきみの気がすむように、みんなが首を切られることを欲するのか。きみは首を
さし出す気はないかね、ラテラヌス[5]という者が、ローマでネロから斬首《ざんしゅ》されるように命ぜられた
ときやったように。あの人は首をさし出して打たれたが、その打撃が弱かったのでちょっと首を
三〇　縮めたけれども、またさし出したのだった。しかしそれより以前にも、ネロの解放奴隷であ
るエパプロディトス[6]がやってきて、ラテラヌスをネロにたいする彼の敵意のことで取り調べよう
とすると、あの人は答えた。「もしいう気があったら、おまえの主人に直接いうよ」

「それでは、このようなばあいに、なにを手配しておくべきか」。なにがわしのものであり、なにがわしのものでないか、なにがわしに許され、なにがわしに許されていないか、ということ以外のいったいなにをだろうか。わしは死なねばならない。だがそれだからといって、嘆きながらそうせねばならないというのではあるまいね。縛られねばならない、でもそのうえ、悲しみなが

らというのではあるまい。追放されねばならない、だからといって、笑いながら、機嫌《きげん》よく、ゆとりを持ってそうされるのを、ひとが妨げるというのではあるまい。

「秘密を話せ」

私は話しません、それは私の権内にあるんですから。

「しかしわしは、おまえを縛るだろう」

あなた、あなたはなにをいうんですか、私を縛るんですって。あなたは私の足を縛るでしょう、だが、私の意志はゼウスだって征服はできません。

「わしは、おまえを牢獄《ろうごく》にぶち込むだろう」

このちっぽけな肉体をですね。

「おまえを斬首するだろう」

二五　いつあなたに、私の首だけは切れないなんていいましたか。

哲学を学ぶ者どもは、以上のことをよく考え、毎日書き、練習せねばならないのだ。

トラセア[7]は、「あす追放されるよりは、むしろわしは、きょう死刑に処せられたい」といっていたものだ。するとルフス[8]は、彼になんといったか。「もしおまえが死をより重いと思って選ぶのなら、なんというばかな選択だろう。だが、もしより軽いと思ってなら、だれがその選択をおまえに与えたのか。おまえは与えられたもので満足するように練習する気はないか」

このゆえにアグリッピヌス[9]はなんといっていたか。「わしはわし自身のじゃまになりたくない」といっていたものだ。

「元老院では、あなたについて判決中です」と彼に知らせがあった。「運よくいってくれるといいが。しかしもう五時だ」〔この時間に、彼は運動して冷水浴するのが常であった〕。「行って運

三 動をしようじゃないか」。運動を終えたとき、彼のところにだれかがやってきて、「あなたは有罪を宣告されてしまいました」

するとの彼はいった。「追放にか、それとも死刑にか」

「追放に」

「財産はどうかね」

「没収されませんでした」

「ではアリキア[10]まで行ってから、食事をしようじゃないか」

これこそ、心がけるべきことを心がけ、欲してじゃまされたり、避けて避けそこねたりしないように備えたというものだ。わしは死なねばならない。もしいまというのなら、すぐ死のう。もう少し経《た》ってからというのなら、時間だから、いま食事をしよう、それから死のう。どんなふうにって。他人のものを返却する人に似つかわしいようにさ。

①　私たちの権限の範囲内にあるもの、つまり、私たちの力のうちにあって自由になるもののこと。
②　古代ギリシアのこの楽器は、大きな木製の反響板と両腕とからなり、弦は七本もしくは九本であるが、のちには十一本になったといわれる。象牙か、木か、金属からできた撥《ばち》で弾じた。歌い手は冠をかぶり、地まで届く女の着物を着て、歌をうたいながら弾じたという。
③　神々が大地のなかで、土をこね、火を混ぜて、人間や他の動物をつくったのである。プラトン『プロタゴラス』320ｄを参照。
④　アイオロスはヒッポテスの息子で、アイオロス島の主である。風の管理者。ホメロス『オデュッセイア』第十巻第二十一行につぎのようにある。「クロニオン（ゼウス）、彼（アイオロス）をば風のつかさとし、わが意のままに風をとめ、風吹かしめることとせり」
⑤　ピソの陰謀に加わった執政官。
⑥　ローマ皇帝に仕えた解放奴隷で、エピクテトスの主人。「解説」一〇ページを参照。
⑦　トラセアは、ネロに殺されたストア派の哲人である。
⑧　ムソニウス・ルフス（一世紀）。ローマ帝政期のストア派哲学者でエピクテトスの師。
⑨　このアグリッピヌスはネロに追放されたが、べつに理由があったわけではなく、彼の父がティベリウスの命で殺されたので、要するに不忠な者の子だからというのであったらしい。
⑩　アリキアはローマから二六キロ離れた、追放のとき通る途中の町。

三　哲学はなにを約束するか（一・一五）

一　ある人がエピクテトスに、「どんなふうに兄弟を説得したら、もうこれから自分にたいして、つらく当たらないようにすることができるでしょうか」と相談すると、彼はいった。「哲学は人間にとって、外物のなにかを得させるとは約束しない。もしそうでなければ、それは固有の材料以外のなにかを請け合うことになるだろう。というのは、材木が大工の材料であり、銅が鋳像家の材料であるように、それぞれの生活は、人生にかんする生き方の材料なんだから」

そうすると、私の兄弟の生活はどうなんですか。

それもまた彼自身の生き方に属するものであって、きみの生き方にたいしては、ちょうど土地や健康や名誉と同じく、外物に属するわけだ。だが、それらのどれをも哲学は約束しない。「私（＝哲学）はどんなばあいでも、指導能力[1]を自然にかなうように保持するだろう」と哲学は約束するのだ。

だれの指導能力をですか。

「私（＝哲学）を所有している者の指導能力をさ」

五　そうすると、どうすれば彼は私を怒らないでしょうか。

「わしのところに彼を連れてくるがいい、そうすれば彼に話してやろう。だが彼の怒りについては、わしはきみになにもいうことができない」

その相談にきた者が、「たとえ兄弟が仲直りしないとしても、どうすれば私が自然にかなうことができるかということこそ、私の求めているものです」といったとき、エピクテトスはいった。「なにごともだいじなことは、突如として生ずるものではない、一房の葡萄《ぶどう》や一個の無花果《いちじく》のばあいでもそのとおりである。もしきみがいまわしに、『私は無花果がほしい』というならば、わしはきみに、『そのための時間が必要だ』と答えよう。まず花を咲かせるがいい、つぎに実を結ばせるがいい、それから熟《う》れさせるがいい。無花果の実は、突如として、そして一時間のうちにできあがらないのに、きみは人間の心の実を、そんなに短時間に、やすやすと所有したいのか。わしはきみにいうが、それは期待しないがいい」

(1) 人間の魂のなかの「指導能力」である。これは知性だけに限ったわけではなく、感情や意志をも含んだ広い意味のものである。ばあいによって、良心とか理性とか意志の意味にとれる。ストア哲学では、魂に八つの能力、つまり、五つの感覚能力、言語能力、生殖能力、指導能力を認めた。指導能力はもっともすぐれたものである。

四　摂理について（一・六）

一　もしひとが自分のなかに、各人に生起した出来事を見る能力と感謝の気持との、これら二つのものを持っているならば、この世に生起する各出来事から、摂理をたたえることはたやすいことだ。だが、もし持っていないならば、一方では、その出来事の有用なことがわからないだろうし、また他方では、たとえわかっていても、それらに感謝しないだろう。もし神が色彩をつくっても、それらを見る能力をつくらなかったならば、なにか役に立つだろうか。

「なんの役にも立ちません」

しかしまたそれと反対に、たとえその能力をつくっても、視覚にはいってくるようなそういう

五　対象をつくらなかったなら、そのばあいはなにか役に立つだろうか。

「なんの役にも立ちません」

ではどうか、これら両者をつくっても、光をつくらなかったとしたら。

「そのばあいも役に立たないでしょう」

それでは、視覚を色彩に、そして色彩を視覚に適合させた者は、だれなのか。剣を鞘《さや》に、そして鞘を剣に合うようにした者は、だれだろうか。だれでもないのか。たしかにわしらは、完成されたもののその構造から、それがまったく名工の作品であって、でたらめにつくられたものでな

いということを公言するのが常である。

するとこれらのそれぞれは、そのつくった作者を表わしているが、見られる対象や視覚や光は、そもそも表わしていないのだろうか。男性、女性、おたがいの性欲、そのためにつくられた諸部分を使用する能力、それらは、それらをつくった作者を表わしていないだろうか。いや、それら

10 は表わしている。分別知のこのような仕組み——それによってわしらは、わしらが感覚的な対象に出会ったとき、それらからたんに印象を受けるだけでなく、なおまたなにかを取り出したり、取り去ったり、つけ加えたり、そしてそれらからなにかを総合したり、またゼウスに誓って、あるものから、ぜんぜんそこにない他のなにかへ移っていったりするのだが、それらはある人々を感動させたり、それらをつくった作者を無視するのを、思いとどまらせたりするのに十分ではないだろうか。それとももし十分でなければ、それらのそれぞれをつくる者はなになのか、もしくはいかにしてそうした驚くべき巧妙なものが、でたらめに、そして偶然に生ずることができたのか、それをわしらに説明してもらいたいものだ。

ではどうだね、それらのものは、わしらだけにあるのか。それら多くのものはわしらだけにあるので、とくに、理性のある動物がそれらを必要とするのだ。だがまた、わしらには理性のない動物と共通な多くのものがあるのも、きみは発見するだろう。そうすると、いったい、理性のない動物も、出来事を理解するだろうか。けっしてしない。というのは、使用と理解とは別物だか

らだ。神は、一方では、心像を使用するものとして、彼ら動物を必要としたが、他方では、その使用を理解するものとして、わしらを必要としたのだ。だから、彼ら動物にとっては、食ったり、飲んだり、休んだり、交尾したり、その他およそ彼らのそれぞれがやっていることで十分だけれども、理解力も授かったわしらには、もはやそれでは十分でなく、正しい仕方で秩序よく、それぞれの本性や素質に従って行動するのでないと、もう自分たちの目的を達することはできないだろう。というのは、それらの素質がちがえば、彼らのはたらきも、目的もちがうからだ。だから、その素質が使用だけであるものにとっては、どんなふうに使用するにしても、その使用で十分なわけだ。だが、使用に加うるに理解力のあるものにとっては、正しい仕方で使用するということが加わるのでなければ、けっして目的は達せられないだろう。

それではどういうことになるかといえば、神は動物のそれぞれを、あるいは食用のために、あるいは農耕に役立てるために、あるいはチーズを得るために、あるいは他の適当な使用のためにつくったのだ。するとそれらのために、心像を理解したり、それを区別したりすることができるということは、なにか必要があるだろうか。しかし神は、人間を、神ご自身や、そのお仕事の観察者として、導入したもうたのだ。しかもただの観察者としてではなく、またそれらの解釈者としてであった。だから人間にとっては、理性のない動物がしているようなところで終始することは、恥ずべきことであって、むしろわしらは、そこから始めても、本来の自然がわしらにおいて終ったその点で終わるべきなのだ。ところで自然は、観想、理解、自然と調和した生き方などで終らせている。それできみたちは、それらの観察者とならないで死ぬことのないように注意するがいい。

しかしきみたちは、ペイディアスの作品[1]を見るためにオリンピアへ旅をし、そしてきみたちのそれぞれが、それを見ないで死ぬことを不幸と思うけれども、わざわざ旅をする必要もなく、きみたちがすでにそこにおり、しかも諸作品のそばにいるばあいは[2]、それを見たり、理解したりすることを欲しないのか。するときみたちは、きみたちがなにものであるかということも、なんのために生まれてきたかということも、また、なんのためにきみたちが見る能力を授かったかということも、気づかないのだろうか。

二五 「しかし人生には、なにか不愉快なことや困難なことが起こります」

うん、だが、オリンピアでは起こらないかね、きみたちは暑さで弱りはしないか、雑踏することはないか、風呂加減の悪いことはないか、雨が降るときずぶ濡《ぬ》れになることはないか、騒ぎ、叫び、その他の困難に悩むことはないか。しかしわしの思うに、きみたちはそれらすべてを、あの見る価値あるものとくらべて、がまんし、しんぼうすることだろう。さあ、きみたちはすべての出来事に堪える能力を授かっていないか、大きな心を授かっていないか、勇気を授かっていないか、忍耐力を授かっていないか。もしわしが大きな心を持っているならば、起こりうる事柄のなにが、なおも、わしの気になるだろうか。なにがわしを混乱させたり、不安がらせたりするだろうか。あるいはなにが、わしに苦痛に見えるだろうか。能力をその授かった目的のために使用しないで、生起した出来事にたいして、わしは悲しんだり、嘆いたりするだろうか。

三「ええ、しかし私は洟《はな》が流れます」

それではなんのために、きみは手を持っているのか、きみ。自分で洟を拭《ぬぐ》い取るためではないか。

「そうすると、この世で洟が出るということは、道理にかなったことですか」

きみはぶつぶついうよりも、拭い取るほうがどれほどましだろうか。それともきみは、もしヘラクレスが駆逐し退治した、あのようなライオンやヒュドラ、牡鹿《おじか》、野猪《いのしし》、それから不正で畜生のような人間どもがいなかったとしたら、彼はどうなっていたと思うか。また、このようなものがなにもいなかったとしたら、彼はどうしただろうか。それともいうまでもなく、毛布にくるまり込んで、眠っていただろうか。そうだとすると、第一に、このようにぜいたくに、天下泰平に、一生眠りとおしていたんでは、彼はヘラクレスにはなっていなかったろう。もし実際なっていたとしても、なにか役に立っただろうか。彼の両腕も、元気も、忍耐も、気高さも、もしなにかそのような境遇や機会が、彼を揺り動かしたり、鍛えたりしたのでなければ、なんの役に立っただろうか。

三五 「それではどうなんですか。彼はそれらのものを自分のために用意したり、どこかから自分
の国へ、ライオンや猪や、ヒュドラを連れてくるように、さがしたりするべきだったのでしょう
か」
　そんなことをするのはばかげており、異常者じみている。だがそれらのものがいて、見つかっ
たからこそ、それらはヘラクレスたるところを見せもし、鍛えるに役立ったのだ。
　さあそれでは、きみもこれらのことに気づいたら、きみの持っている能力に目を移すがいい、
そして見たあとで、「おおゼウスよ、あなたのお気に召す試練をお与えください。というのは、
私にはあなたから授かった素質もありますし、また出来事によって、私自身を飾るための能力も
あるからです」というがいい。ところが実際はそうしないで、きみたちは、起こりはせぬかと震
えたり、起こったことを悲しんだり、嘆いたり、泣いたりしてすわっている、それからきみたち
は、神々を非難するのだ。いったい、このような卑しい心に結果することは、不敬虔《ふけいけん》でなくてな
四〇 んだろうか。とはいえ、神はわしらにすべての出来事をしんぼうして、落胆したり、その出
来事によって打ち砕かれたりしないようにするこれらの能力を与えなさっただけでなく、優良な
王、つまり真の父の持っていたものを、妨げられない、強制されない、じゃまされないものとし
て与えなさったのだ。つまりそれを全部、私たちの権内のものとなさって、これを妨げたり、
じゃましたりするための、どんな力もご自身のところに残されなかったのだ。ところが、これら

の自由やきみたち自身のものを、きみたちが持っているにかかわらず、きみたちはそれを使用もしなければ、なにを授かり、だれから授かったかも気づかないで、嘆いたり泣いたりしてすわりこんでいるのだ。そしてある人々は、与えてくれたその主《あるじ》にたいして盲目で、恩人を知ろうともしない。またある人々は、心が卑しいために、神にたいして非難や不平をさし向けているのだ。とはいえ、きみが大きな心と勇敢とにたいして、その能力とその素質とを持っていることを、わしはきみに示そう、だが非難や不平にたいしては、きみはどのような能力を持っているのか、わしに示すがいい。

(1) ペイディアスは、ペリクレスの信任を得て、芸術にかんする諸事業の管理をやった。パルテノン宮殿もその仕事の一つ。彼の作品のなかで、オリンピアのゼウスの像はとくに有名で、高さ十三メートル、象牙と黄金でつくられた。のちテオドシウス二世によって現在のイスタンブールに移され、その後、火災でこわれてしまった。

(2) 「きみたちがすでに」からここまでは、シェンクルの原文によった。アプトンの校訂文では、「ゼウスがすでにそこにおり、しかもその諸作品に現われているばあい」となる。

五　まちがった者を怒るべきでないということ（一・一八）

一　もし哲学者たちからいわれていること、つまり、「すべての人々には、それぞれ一つの根拠があって、あることを承認するばあいには、そうであるという感じが、また否認するばあいには、そうでないという感じが、またゼウスに誓って、判断を差し控えるばあいには、明らかでないという感じがあるように、まさにそのように、あるものを意欲するばあいには、私に利益であるという感じがあるのであって、あるものを利益であると判定しているのに、他のものを求めるとか、あるものを適当であると判定していながら、別のものを意欲するということは不可能だ」といわれていることが、もし本当であるならば、どうしてなおもわしどもは、多くの人々にたいして腹を立てるのだろうか。

「彼らは盗賊です、泥棒《どろぼう》です」とある者がいう。

盗賊とか、泥棒とかいうのは、なになのか。善《よ》いこと、悪いことについて、迷っている人たちのことである。するとそのような人にたいしては、ひとは怒るべきだろうか、それとも彼らを憐《あわ》れむべきだろうか。いや、迷いを示してやるがいい、そうすれば、いかに彼らがまちがったことをするのをやめるか、わかるだろう。だが、もし彼らにまちがいがわからないならば、彼らにこれでいいと思われるものより、もっとすぐれたものを、彼らはなにも持っていないわけである。

そうすると、この泥棒と、この姦夫《かんぷ》とは、滅ぼすべきではありませんか。けっして。いや、こういったほうがいい。「もっともたいせつなものについて迷い、欺かれている者、つまり白いものや黒いものを弁別する視覚においてでなく、善いことや悪いことを弁別する認識能力において理性を欠いた者は、滅ぼされるべきではないか」と。もしきみがこのようにいうならば、きみのいっていることが、いかに非人間的であるかということ、またそれは、「この視覚や聴覚の障害者は滅ぼされるべきではないか」ということと同じようなことだということがわかるだろう。もし、もっともたいせつなものを〔失っていることが〕最大の損害であるならば、また〔もっともたいせつなものが〕それぞれの人において、本来あるべきような意志であり、そしてある人がそのたいせつなものを欠いているのであるならば、どうしてなおもきみはその人を怒るのか。ねえきみ、もしきみが他人の悪徳のさいに、自然でない気持にならざるをえないならば、彼を憎むよりは、むしろ憐れむがいい。この不快な気持や憎悪の気持は捨てるがいい。多くのやかまし屋[1]どもが用いる、「この呪《のろ》われた憎たらしいばか者ども」などということばは、使わぬがいい。[2]それはそれとしておいて、いったいきみはどうして、にわかに、他のばか者どもを怒るほど賢くなったのか。

それでは、なぜわしどもは怒るのか。それは彼らがわしどもから奪い去るものを、ありがたく思っているからである。だからきみは、きみの着物をありがたく思わぬがいい、そうすればきみは、泥棒に腹を立てないだろう。妻の美しさを尊重せぬがいい、そうすれば姦夫に腹を立てないだろう。知るがいい、泥棒や姦夫はきみのもののなかに場所を占めるものではなく、他人の、きみの権内にないもののなかに占めるのだ。もしそれらをきみが断念して、なんでもないと思うならば、さらにだれにたいしてきみは腹が立つか。これらをきみがありがたく尊重しているかぎりは、彼らにたいしてよりは、むしろきみ自身にたいして腹を立てるがいい。まあ考えてみたまえ、きみは美しい着物を持っている、きみの隣人は持っていない、きみは窓を持っている、そしてその着物に風を当てようとする。その隣人は人間の善いものとはなにであるかということを知らないで、着物を持つことだと思っている、きみもまったくそう思っているのだ。だから彼がやって来て、それを持って行くのじゃないか。いや、きみは食いしんぼうな人々に菓子を見せびらかしながら、自分だけがつがつ食って、彼らにそれを取られたくないのか。彼らを刺激せぬがいい、窓を持たぬがいい、きみの着物に風を当てぬがいい。

一五　わしも最近のこと、神棚《かみだな》に鉄製のランプを持っていた、そして戸ががたがたするのを聞いたものだから、走って行った。そしてランプが盗まれていたのを発見した。考えてみれば、その盗んだ者が心を動かされたのも、うなずけぬことはない。それではどういうことになるだろうか。あしたきみは、陶製のを見いだすだろう、とわしはいうのだ。実際、ひとは持っているものを失うのだ。「私は着物をなくしました」。それはきみが着物を持っているからだ。「頭が痛いです」。

まさかきみは角《つの》が痛いことはあるまいね。そうすると、どうして君は腹が立つのか。損失や苦痛は所有しているものだけにあるのだ。

「しかし暴君は縛るでしょう」

なに？　足をだろう。

いや、ちょん切るでしょう。

なに？　首をだろう。すると彼が縛りも、ちょん切りもしないものはなになのか。それは自由意志だ。だから古人たちも、「汝《なんじ》みずからを知れ③」と命令したのである。すると、どういうことになるかね。神に誓っていうが、小さなことで練習し、そして小さなこととから始めていって、大きなことに及ぶべきである。

「頭が痛いです」

「ああ、ああ」というな。

「耳が痛いです」

「ああ、ああ」というな。べつに嘆くことが許されていないというのでなく、心のなかでは嘆くなというのだ。たとえ小僧が包帯を持って来るのがのろくとも、けっしてどなったり、しかめづらをしたり、「みんなが私を憎んでいる」などといわぬがいい。いったいだれが、このような者を憎まないだろうか。

三〇　今後はこれらの教えを信頼して、正しく自由に歩むがいい、競技者のように、肉体の大きいのに頼らぬがいい。というのは、驢馬《ろば》が不敗でないように、きみも不敗ではないのだから。

そうすると、だれが不敗なのか。それは意志外のなにものにも左右されない人である。それでわしは、それぞれの事情に際会して、ちょうど競技者のばあい、「この人は第一回戦で勝った。それで第二回戦ではどうだろうか。また暑かったらどうだろうか。またオリンピアではどうだろうか」と考察するように、考察する。

人生のばあいでも同じことだ。もしきみがひとに小銭を提供するならば、彼は嘲笑《ちょうしょう》するだろう。ところがもし少女をならば、どうだろうか。もしそれを暗がりでならば、どうだろうか。ちょっとした名声をならば、どうだろうか。さげすみをであれば、どうであろうか。賞賛ならばどうだろうか。死をならどうだろうか。彼はこれらすべてに打ち克《か》つことができる。それでは、暑かったらどうだろうか。④酔っていたらどうだろうか。憂鬱《ゆううつ》のときにはどうだろうか。夢ではどうだろうか。これらすべてにおいて打ち克つ人こそ、不敗の競技者なのだ。

(1)(2)　このへんの文章はこわれている。シェンクルの欄外によって補って読んだ。スーイエによれば、「きみよ、きみはなにものなれば、大衆の言い習わしている『この呪われた憎たらしいばか者ども』というこれらのことばを用いるのか」となる。

(3) ギリシアの聖地デルポイのアポロン神殿に掲げられていたとされる銘文。作者は不明だが、哲学者ソクラテスに深い影響を与えた。
(4) 「暑かったらどうだろうか」とは競技のばあいのことで、人生のばあいであれば、「酔っていたら……」となる。ストアでは、よく訓練して、酔っていても、憂欝でも、夢のなかでもまちがうことのない程度まで達せねばならないという考えである。

六　家庭の愛情について(一・一一)

一　ある役人がエピクテトスのところへやってきたとき、彼はその人にいろいろ役目のことをたずねてから、その人に妻子があるかどうかを聞いた。その人があると答えると、エピクテトスは、それではどんなぐあいか、とそのうえにつけ加えてたずねた。
「惨《みじ》めです」とその人がいった。

するとエピクテトスはいった。「どんなふうに。というのは、むろん人々は、惨めになるためにではなく、むしろ幸福になるために、結婚したり、子どもを産んだりするんだからね」

「いやどうも私は」とその人がいった。「子どもたちについては非常に惨めでして、最近、私の娘が病気をして危険と思われたときなどは、当の病人のところにじっとしていられなくて、快《よ》くなったとだれかが私に知らせてくれるまで、逃げていたほどなんです」

か。

五　すると、どういうことになるかね。そうすることが、あなた自身には正しいと思われたわけか。

「ええ、それが自然なんです」とその人がいった。

するとエピクテトスがいった。「うん、しかしとにかく、わしはあなたに、それが自然だということを説得してもらいましょう。そうすればわしは、あなたに、すべて自然にかなって生じたものは、正しく生じたのだということを説得してあげよう」

するとその人がいった。「すべての、あるいは、少なくともたいていの父親というものは、このような気持になりますよ」

「わしはあなたに、そうならないと反対はしない」、エピクテトスがいった。「だが、わしたちに問題となる点は、それが正しいかどうかということだ。というのは、この論法でいくと、腫瘍《しゅよう》だって、それが生ずるからには、身体に善《よ》いために生ずるのだといわねばならないし、また、がいしていえば、まちがうということも、ほとんどすべての人が、あるいは、少なくともたいていの人がまちがうからには、自然にかなっているといわねばならないからだ。それでどうして自然にかなっているかを、わしに示してもらいましょう」

するとその人がいった。「私はできません、いやあなたこそ、かえって、どうして自然にかなってもいなければ正しくもないかということを、私に示してください」

するとエピクテトスが、「しかし、黒白について研究するばあいには、それらを判定するために、わしらはどんな標準を持ってくるかね」といった。

「視覚です」とその人がいった。

「また、暖かいものや冷たいもの、硬《かた》いものや軟《やわ》らかいものについてなら、どんな標準をか」

「触覚です」

10「それでは、わしらが、自然にかなった出来事や、正しい、もしくは正しくない出来事について問題としているからには、わしらはどのような標準を持ってきたらいいか」

「わかりません」とその人がいった。

「もっとも、色や、においや、またさらに味覚の標準は、ひょっとして知らないとしても、たいして損にはならない。だが善悪や自然、反自然の標準を知らないことは、その知らない人にとって小さな損失だと思うか」「いや、非常に大きな損失です」

「さあそれでは、わしにいってもらいましょう、ある人にりっぱで似つかわしいと思われているものは、すべて正当にそう思われているわけか。また、いま食べ物について、ユダヤ人やシリア人や、エジプト人やローマ人に思われていることは、すべて正当に思われているということができるか」

「どうしてそんなことができましょうか」

「いや、どうしてもこうならざるをえないと思うが、エジプト人の考えが正しいならば、よその人たちの考えは正しくないし、またユダヤ人の考えがけっこうであるならば、よその人たちの考えはけっこうでないわけだ」

「むろんです」

「だが無知なところでは、必要なものについて、無学で無教養なわけだ」

「同感です」

一五「あなたはそれでは」、エピクテトスがいった。「これらのことがわかっているのだから、今後他のことはなににも一所懸命にならず、また他のなににも心を向けないで、自然にかなっているものの標準を学び、そしてそれを用いて、それぞれ個々のものを区別することになるでしょう。

だがさしあたり、あなたが欲していることにたいして、わしがあなたを援助できるのは、ただそれだけだ。家庭の愛情というものは、あなたには、自然にかなった美しいものと思われるか」

「むろんです」

「それではどうだ。家庭の愛情は、自然にかなって美しいが、理性的なものは、美しくないか」

「けっしてそんなことはありません」

「そうすると、理性的なものと家庭の愛情とは、矛盾しないかね」

「しないと思います」

「だがもしそうでないなら、矛盾するものの一方が自然にかなったものなら、必然的に他方は自然にさからったものとならざるをえないじゃないか、そうじゃないか」

「そうです、そのとおりです」とその人がいった。

「ところでわしらは、愛情的であるとともに、同時に理性的であるとして発見するものは、断固として、これは正しく美しいと公言するではないか」

「ええ、そのとおりです」とその人がいった。

二〇「それではどうだね。病気をしている小さい子どもを見捨てて行ってしまうのは、理性的でないということを、あなたは否定しないと思うが。だが、それが愛情であるかどうかは、わしらに残された考察だ」

「ええ、考察しましょう」

「それではあなたが、小さい子どもにたいして愛情をいだいていたのだから、逃げて小さい子どもをおき去りにしたとき、そもそも正しいことをしていたというわけか。また母親は、小さい子どもをかわいがっていないというわけか」

「そりゃ、かわいがっています」

「そうすると、母親もその子どもを見捨てるべきだったのじゃないか。それとも、そうすべきでなかったのか」

「そうすべきでなかったんです」

「また乳母《うば》はどうか。子どもをかわいがるか」

「かわいがります」とその人がいった。

「それでは、彼女も子どもを見捨てるべきだったのか」

「いや、けっしてそんなことはありません」

「また学校の先生はどうか。子どもをかわいがらないか」

「かわいがります」

「それでは、彼も見捨てて行ってしまうべきだったのか、それからそのようにして、その小さい子どもは、あなたがた両親やその子どもの周囲の人々の多くの愛情のために、孤立無援におき去りにされるべきだったのか、それとも、かわいがりも看護もしない人々の手のなかで、死なねばならなかったのか」

「そんなことは断じてありません」

「そしてなお、ひとが愛情のため自分に適当と思われることをするのを、同じように愛情をいだいている他の人々に許さないということは、不公平で、不合理か」

「ええ、奇怪です」

二五 「さあそれでは、もしあなたが病気なら、あなたは他の係累にもそうだが、とくに妻子に愛してもらいたいのは、彼らからひとり寂しくおきっぱなしにされるようになのか」

「けっしてそうではありません」

「またあなたが、あなた自身の家族から愛されることを願ったのは、彼らの非常な愛情のために、いつもただひとり、病床におき去りにされるようになのか。それともそのためなら、かえって、もしありうることなら、敵からおき去りにされるように、彼らから愛されるほうを願っただろうか。もしそうだとすると、残るところは、その行為は、もうけっして愛情ではないということだ。


そうすると、どういうことになるかね。小さい子どもを捨てるようにあなたを動かし、動機づけたものは、なんでもなかったわけか。しかも、どうしてそのようなことがありうるか。いやそれはちょうど、ひとがローマで勝たせたいと一所懸命になっている馬が走ったとき、その人をして目を蔽《おお》うようにさせるものと同じようなものだ。それからその馬が予期に反して勝つと、気が遠くなった者を回復させるために、海綿が必要というわけだ。そうすると、動機づけていたものはなになのか。詳しいことを述べるのは、いまはそのときではない。だが、もし哲学者たちによっていわれていること、すなわち動機づけていたものは、どこか外界に求むべきではなくて、わしらがあることをするかしないか、あることをいうかいわないか、得意になるか悄《しょ》気《げ》るか、あるものを避けるか追うかの原因は、すべてのばあい同一であるといわれていることが本当であるならば、それを納得することで十分なわけだ。そしてそれはいま、あなたにもわしにも原因となっているものなのだ。つまりあなたのばあいには、わしのところへやってきて、そしていまわしに傾聴してすわっていることの原因であり、わしのばあいには、それらのことを話していること
三〇　との原因なのだ。それでは、この原因とはなになのか。そもそもそれは、わしらに、こうするがいいと思われたこと以外のことかね」

「そうじゃありません」

「だが、もしわしらに他のふうに思われたならば、わしらは、そう思われたこと以外のなにをしただろうか。そういうわけで、アキレウス[1]にとっても、パトロクロスの死が悲しみの原因であったわけではなく〔というのは、友人が死んだときに他の人はそんな気持にならないからだ〕、彼にそうするがいいと思われたことが、原因であったわけだ。あなたのばあいでも、あのときちょうどその逃げることが、あなたにいいと思われたからだ。また反対に、もしあなたがとどまるならば、それでいいとあなたに思われたからである。またいまあなたが、ローマに帰って行くならば、あなたにそれがいいと思われるからだ。そしてもし考えが変われば、あなたは帰って行かないだろう。つまり、死とか、追放とか、苦痛とか、その他このようなものは、わしらがあることをするかしないかの原因ではなくて、わしら自身の意見や考えが原因なのだ。

　あなたはそれで納得できるか、それともできないか」

「あなたが納得させてくださいました」とその人がいった。

「でも、それぞれのばあい、ちょうど原因があるように、結果もあるのだ。それで、わしらがな
三九 にか正しくない行動をしたとき、今後は、わしらのその行動の根源である考え方以外のもの
は、なにも非難しないだろう。そしてわしらは、身体から腫瘍《しゆよう》や腫物《はれもの》を取り去ったり、切り取ったりする以上に、その考え方を取り去ったり、切り取ったりするように努めるだろう。また同様にして、正しい行動のばあいにも、同じものをその原因としてあげることにしよう。そうすれば、もう、召使いをも隣人をも妻をも子をも、わしらに起こったなにかわざわいごとの原因として非難しないようになるだろう。というのは、それらをわしらがこうこうであると思わなければ、わしらはそれに続く行動をしないということを納得してしまったからだ。思う思わないの主人公は、わしらなので、外物ではない」
「そのとおりです」とその人がいった。
「そうだとすると、きょうから以後、わしらは、他についてはなにも、つまり、土地についても、奴隷についても、馬、犬についても、それがどんなもので、いかなる状態のものかということは、考察も探究もしないで、むしろ考え方についてそうするでしょう」
「そうしたいものです」とその人はいった。
四〇 「それではもしあなたが、あなた自身の考えを考察しようとするならば、あなたはごらんのように、一学徒、つまり、みんなが笑いものにする動物にならねばならない。だが、それが一時

間や一日の仕事でないことは、あなた自身もわかるでしょう」

（1）トロイア戦争におけるギリシア軍の指揮者で、「神足速きアキレウス」とか「足神速のアキレウス」（土井晩翠訳）といわれたように、非常に足が速かった。また彼は勇将として有名で、敵は彼の甲冑を見ただけで逃げた。しかしトロイア戦争では味方の総大将アガメムノンと争い、前線から退いた。そのために味方の形勢が悪くなった。アキレウスの親友パトロクロスが見かねて、アキレウスの甲冑を借りてアキレウスと見せかけ、はじめは撃破したが、のちヘクトルによって殺されてしまった。アキレウスは彼の死を惜しんで号泣し、ついにみずから陣頭に立って敵将ヘクトルを殺すにいたる。

七　理性はいかにして自分自身を考察するかについて（一・二〇）

一　すべての技術や能力は、なにか主要な対象を考察するものだ。ところで考察するもの自身と考察される対象とが同種のものであるばあいには、必然それは自分自身を考察することとなるわけである。だが同種のものでないばあいには、自分自身を考察することはできない。たとえば、靴《くつ》をつくる術は皮を取り扱うものだが、それは材料の皮とはぜんぜんちがうものだ。だから自分自身を考察するものではない。また読み書きの術は、書かれたことばを扱うものだ。するとその技術自身も、まさか書かれたことばではあるまい。けっしてそうではない。だからそれは、自分自身を考察することはできないわけだ。

五 「そうすると理性は、いったいなんのために、自然から授かったのでしょうか」

それは、心像を使うべきように使うためだ。

「すると理性自身は、なになのでしょうか」

それは、ある性質の心像からなる総体だ。それで理性は、本性上、自分自身を考察するものともなるわけだ。

「また知恵は、なにを考察するものとして、そこにあるのでしょうか」

それは、善や悪や、そのいずれでもないものを考察するものとしてである。

「そうすると、その知恵自身は、なになのですか」

それは善《よ》いものだ。

「また知恵がないのは、なになのですか」

悪いものだ。するとほら、知恵は自分自身とその反対とを考察するものとならざるをえないわけだ。

だから哲学者の最大の仕事は、もろもろの心像を吟味し、区別し、吟味されないどんなものをも、受け入れないということである。きみたちは、わしどもとかかわりあると思われる貨幣のばあいには、わしどもがどのようにして技術を発見したかということや、また貨幣検査人が貨幣を吟味するために、見るとか、さわるとか、においをかぐとか、最後には音を聞くとかして、どれほど手を尽くしているかということを、ご存じだろう。つまり彼はデナリオン銀貨[1]を投げてみて、その音に注意し、しかもただいちど音をたてるだけで満足しないで、何度も注意するから、音楽家のように敏感になる。

10　それでわしどもが、ごまかしとごまかしでないのとを区別しようと思うばあいには、だまされる可能性のあるものを区別するのに多大の注意をはらうのだ、だが、指導能力が憐《あわ》れなものであるばあいには、欠伸《あくび》をしたり、眠ったりして、すべての心像を受け入れることとなる。というのは、損するとは気づかないからである。

それできみが善いことや悪いことについて、どのようになげやりで、どうでもいいものについて、どんなに一所懸命になっているかを知ろうとするならば、盲目にされていることにたいして、きみはどんなふうであるか、また欺かれていることにたいして、どんなふうであるかを知るがいい。そうすればきみは、善いことや悪いことについて、感ずべきように感ずることから、遠く隔たっていることがわかるだろう。

「しかしそれは、多くの準備と、多くの労苦と、学識とを必要とします」

するとどうだね。きみはもっともだいじな技術が、わずかの努力で得られるように望むのか。

とはいっても、哲学者たちのすぐれた言論自身はたいへん短い。もしきみがそれを知りたいなら
一五 ゼノンの著書を読むがいい、そうすればわかるだろう。というのは、人生の目的は神々に従うことだとか、善の本質は心像を使用すべきように使用することだということは、なにも長くはあるまい。

だが、「それでは、神とはなになのか、また心像とはなになのか。そして個々の自然とはなになのか、全体的な自然とはなになのか」というならば、それはもう長くなる。それからもしエピクロス[2]がやってきて、善は肉のなかにあるべきだというならば、また説明は長くなるし、また、わしどもにおいてすぐれたものはなにか、基礎的な、本質的なものはなにかと聞かざるをえなくなる。つまり、蝸牛《かたつむり》の善は、殻《から》のなかにはありそうもないが、人間の善は、肉体のなかにありそうなのか。エピクロスよ、きみ自身は、なにかもっと権威あるものを持っているか。きみのなかで熟考するもの、それぞれを考察するもの、肉自身について、それをすぐれたものであると断定するものは、なになのか。またなぜきみは、ランプに火をともし、わしどものために骨折り、またそんなにたくさんの本を書いているのか。わしどもが、真理を知らないことのないようになのか。わしどもはだれであるのか、わしどもはきみにたいしてなになのか。

かくして言論は長くなるのである。

① 古代ローマの銀貨の名。
② 快楽主義を唱えたエピクロス派の祖（前四―三世紀）。アテナイ近郊に設立した哲学の学校は「エピクロスの園」と呼ばれた。多作家で知られたが、断片が現存するのみで著作はすべて散逸した。

八　困難にたいしてどのように戦うべきか（一・二四）

一　困難は男ぶりをあげさせるものである。これからのち困難がやってきたときは、試合の監督者がするように、神がきみを粗暴な青年と取り組ませたのだと思うがいい。

「なんのためですか」とだれかがいった。

オリンピックの勝利者となるためさ。だが汗を流さなければ、なれないよ。もしきみが、競技
者が相手の若者を利用するように利用するつもりなら、わしに思われるところでは、君の持って
いる困難以上にためになる困難はだれも持っていないようだ。いまわしどもは、きみをローマへ
スパイとして送る。[1]だが、ただがやがやいうのを聞いたり、どこからか影を見たりするだけで、
どぎまぎして走ってきて、敵がもうそこにいるなどというような臆病《おくびょう》なスパイは、だれも送ら
ない。そのように、いまもしきみもわしどものところへやってきて、「ローマで起こることは恐
五　ろしい。死はこわい、追放はこわい、讒謗《ざんぼう》はこわい、貧乏はこわい。諸君、逃げるがいい、

敵がそこにいる」などというなら、わしどもはきみに、「去れ、きみ自身にそう予言するがいい。われわれの犯したただ一つのまちがいは、きみのようなスパイを送ったことだ」というだろう。きみのまえに、ディオゲネス[2]がスパイとして送られた。しかし彼はわしどもに別の報告をしている。彼は「死は悪ではない、恥辱でないから」といっている。彼は「悪評とは、異常者どものがやがやだ」といっている。またこのスパイは、労苦や快楽や貧乏について、なんと愉快なことを話したことだろう。彼は「裸はすべての紫衣にまさる」といい、「屋根のない地面に眠るのが、いちばん軟らかい寝床だ」といっている。そして彼はそれぞれについての証明として、自分の勇敢、平静、自由、それから光り輝くがっちりした身体《からだ》とを持ってくるのだ。「どんな敵も近くにいない、すべては平和に満ちている」と彼はいっている。おおディオゲネス、どうしてか。彼はいうのだ、「見たまえ、まさかわしはなぐられてはいまいね、まさかわしは傷ついてはいまいね、

10 わしはだれかから逃げてはいまいね」と。これが本来あるべきスパイなのだ。だが、きみはわれわれのところへやってきて、つぎつぎと語るのである。もういっぺん引き返して、もっと詳しく見てこないか、恐れずに。

それでは、私はどうしましょうか。

船から降りるとき、きみはどうするか。まさかきみは、舵《かじ》を持ち去りはすまいね、まさか櫂《かい》を持ち去りはすまいね。それではなにを持ち去るか。きみのもの、つまり油壺《あぶらつぼ》や雑嚢《ざつのう》をである。

そしていまもしきみが、きみのものを思い出すならば、けっして他人のものを要求しはしないだろう。

皇帝③がきみに「元老服④を脱げ」という。

ごらん、私は騎士の服を着ています。

「それも脱げ」

ごらん、私は平民服を身につけています。

「その服も脱げ」

ごらん、私は裸です。

「しかしおまえは、わしを羨《うらや》ましがらせる」

それでは、私の小さい体全体をとるがいいでしょう。

わしはその人に体を投げ出すことができるのに、なおもわしはその人を恐れるだろうか。

しかし彼は、私を相続人として残さないでしょう。

そうすると、どういうことになるかね。わしはそれらのもののなかのなにも、わしのものでないということを忘れていたわけか。それではどんな意味で、わしらはそれらをわしのものというのか、ホテルのベッドをわしのものというような意味でだ。それでもしホテルの主人が、死ぬとき、ベッドをきみに残すならば、それはきみのものだが、もし彼が他の者に残すならば、その人のものだろう、そしてきみは他にベッドをさがすだろう。

ところでもしそれが見つからないならば、地上に寝るがいい。ただ元気を出し、いびきをかいて、そして悲劇は富者たちや王さまたちや僭主たちのあいだに起こるもので、貧乏な者は、コーラスのメンバーとして以外は、だれも悲劇の仲間にはならぬものだと記憶して寝るがいい。王さまたちは、善いことをもって始める。

　宮殿を花環にて飾りぬ

というぐあいに。それから第三、第四の場面では、

　悲しいかな、キタイロン、なぜ、われを受け取りしや[5]

と来るのだ。ねえきみ、冠はどこにあるか、王冠はどこにあるか。親衛兵は、なにもきみには役に立たないか。

それでは、きみが彼らのだれかに近づいたときは、きみは悲劇に近づいた、つまり役者にではなく、オイディプス自身に近づいたのだと思うがいい。

しかしこれこれの人は、幸福です。たくさんの随行員を連れて歩くから。

うん、わしも多くの人に加わって、多くの人といっしょに歩く。

だが要するに、戸が開《あ》いているということを、記憶しておくがいい。子どもらよりも、より臆病にならぬがいい。むしろ子どもらは、ものごとが気に食わなくなると、「もうぼくは遊ばな

い」というように、きみもまた、なにかがそういうふうに思われたら、「もうぼくは遊ばない」といってやめたまえ。だがやめないならば、ぐずぐずいわぬがいい。

① ドミティアヌス帝は、哲学者たちをローマから追放した。そこで弟子たちをローマに送っては、ローマの様子をさぐらせた。こういうことらしい。
② 黒海南部のシノペの出身の哲学者（前五―四世紀）。ボロをまとい頭陀袋と杖を携え、犬と罵倒されながらも清貧の生活を送った。ディオゲネスの生き方を倣う人々は犬儒派と呼ばれた。
③ テクストでは「彼」となっているが、ドミティアヌス帝らしい。エピクテトス（あるいはアリアノス）は、生存している皇帝については、その名まえをいわなかった。
④ 「元老服」と訳したが、原語は「紫の広い縁のある服」というのである。これは元老の着る服であった。「騎士の服」と訳したものは、狭い縁のある服のこと。
⑤ ソポクレス『オイディプス王』第一三九一行目の句。キタイロンはボイオティアの山で、アッティカとメガラとの国境をなしている。オイディプスは生後三日にして、この山に捨て子として捨てられた。

九　同じ問題について（一・二五）

一　人間の善や悪は意志のなかにあるのであって、それ以外のすべてのものは、わしらにとってなにものでもない、ということがもし本当であり、わしらが無精でいっているのでも、無責任にいっているのでもないとするならば、どうしてなおもわしらは不安にさせられたり、恐れたりしているのだろうか。わしらが一所懸命になっているものについては、なんぴとも権力は持っていないし、また、他の人たちが権力を持っているものについては、わしらはなにも気にしない。すると、まだ気にかけるどのようなことがあるだろうか。

しかし、どうか指図してください。

なにをきみに指図するのか。ゼウスはきみに指図していないか。彼はきみに、きみのものは妨げられもしないし、またじゃまされもしないが、きみのでないものは、妨げられじゃまされるものとして、授けたのではないか。そうするときみは、どのような指図、どういう命令をもらって、かしこからやってきたのか。きみのものは、あらゆる仕方で守るがいい、他人のものはむやみとほしがるな。誠実はきみのものであり、つつしみはきみのものだ[1]。そうすると、だれがそれらをきみから奪うことができるか。きみがでないとしたら、ほかのだれがそれらを使用するのを妨げるだろうか。またきみは、どのようにして妨げるか。それは、きみのでないものに一所懸命になり、きみのものを失ったときだ。

五　きみはゼウスからこのような勧告と指図とをもらっているのに、さらにわしからどんな指図をもらおうと欲しているのか。わしのほうが神よりもすぐれており、より信ずるに値するというのか。しかしこれらのことを守るならば、きみはそれに加えて、他のなにを必要とするだろうか。いや、神はそれらのことを指図していないか。先取観念を持ってくるがいい、哲学者たちの証明を持ってくるがいい、きみが何度も聞いたことを持ってくるがいい、きみ自身いったことを持ってくるがいい、読んだことを持ってくるがいい、きみが練習したことを持ってくるがいい。

そうすると、いつまでその指図を守り、人生の遊戯をこわさなければいいんですか。

りっぱになしとげられるまでだ。

農神祭[2]のとき、王さまはくじ引きできめられる。というのは、王さまごっこをすることに考えがきまったからだ。彼は「きみは飲め、きみは酒に水を割れ、きみはうたえ、きみは去れ、きみは来い」と命令する。わしは遊戯が、わしのせいでこわれることのないように、それに服従する。

「しかしきみは、きみを不幸だと思いたまえ」

わしはそうは思わない。まただれが、わしにそう思うように強制するだろうか。

一〇　わしらはまた、アガメムノンとアキレウスごっこをするようにきめた。アガメムノンとなった者がわしにいう。

「アキレウスのところへ行け、そしてブリセイス[3]をかっぱらってこい」

わしは行く。

「来い」

わしは来る。

実際わしらは、仮定論のばあいにふるまうように、人生においてもそうふるまわねばならない。

「夜だということにしましょう」

そうしよう。

「すると、どういうことになりますか、昼ですか」

いや。というのは、わしは夜であると仮定していたのだから。

「夜であるとあなたが仮定していることにしましょう」

そうしよう。

「しかしまた、本当に夜であると思ってください」

それは仮定に合わない。

人生でもそのとおりだ。

「あなたを不幸であるということにしましょう」

そうしよう。

「ではいったい、あなたは不幸ですか」

不幸だ。

「そうすると、どういうことになりますか。あなたは惨めですか」

惨めだ。

「しかしまた、あなたは本当に不幸だと思ってください」

それは仮定に合わない。またそれは、神がわしに禁止する。

それではわしらは、どれほど長くそのような指図に従わねばならないか。有益であるあいだ、すなわちわしが、わしにふさわしいことや適当なことを守ることができるあいだである。しかし、

一五 ある人たちは不機嫌《ふきげん》で気むずかしく、そして「私はこの男のところで食事をして、彼がミュシアで④どのように戦ったかを語り、『兄弟よ、おれはどんなふうにして丘に登ったかを語った。こんどは包囲され始めるのを話そう』なんて毎日いうのをがまんすることができない」という。すると他の者は、「私はむしろ食事をして、彼が好きなだけおしゃべりするのを聞きたい」というのである。そしてそれらの価値は、きみが比較するがいい。ただなにごとも、重い気持ではやらぬがいい、また圧迫されているような気持でも、不幸であるように思っても、やらぬがいい。というのは、だれもきみにそう強制はしないからだ。家のなかが煙っているって？　もしほどよくであるならば、わしはとどまろう。あまりひどかったら、出て行こう。というのは、戸が開《あ》い

ていることを記憶しているはずだし、またしっかりと理解しているはずだからだ。

しかし、「ニコポリスに住むな」

わしは住まない。

「アテナイに住むな」

わしはアテナイに住まない。

「ローマに住むな」

わしはローマに住まない。

「ギュアラ[5]に住め」

二〇　わしは住む。しかしギュアラに住むことは、わしには煙が多すぎるように思われる。わしは、住むのにだれもじゃましないところへ去ろう。というのは、その住家（＝死）は、なんぴとにも開放されているからだ。そうして最後の下着、すなわちちっぽけな肉体、これ以上はだれもわしにたいしてなんら力を持っていない。だからデメトリウス[6]は、ネロにたいして、「陛下は死をもって私を脅迫なさるが、自然は陛下を脅迫しています」といったのだ。だが、もしちっぽけな肉体をわしが驚嘆するならば、わし自身を奴隷にしてしまったわけだ。わずかの財産のばあいでも、奴隷にしてしまったわけだ。なぜかというに、わしはさっそく、わしがなにによってつかまえられるかを自分で明らかにしているからである。ちょうど蛇《へび》が頭を引っ込めるとき、わしが

「蛇が守るその頭を打て」というように。そしてきみも、きみの主人はきみを、きみの守りたがっているそのものでつかむだろう、ということを知っておくがいい。それらのことを記憶しておくならば、さらにきみはだれにへつらい、だれを恐れるだろうか。

二五 しかし私は、元老のすわる場所にすわりたいのです。

ほら、きみはきみ自身を窮屈にし、きみ自身を圧迫しているじゃないか。

それではほかにどうしたら、私は、半円形の劇場でよく見ることができましょうか。

ねえきみ、見に行くな、そうすれば押し合わないですむだろう。なんできみは苦労するのか。そうでなければちょっと待つがいい、そして劇が終わったら、元老たちの場所にすわるがいい、そして日向《ひなた》ぼっこするがいい。というのは、一般につぎのことを記憶しておくがいい、わしらは自分で自分たちを圧迫し、自分たちを窮屈にしているのだ、つまりわしらの考えがわしらを圧迫し、窮屈にしているのだ。そうすると、罵《ののし》られるということはなになのか。石の傍《そば》に立って、罵るがいい。するときみは、なにをすることになるだろうか。もしひとが石のように聞き流すならば、罵る人にはどんな益があるか。しかしもし罵る者が罵られる相手の弱味を利用するならば、彼はなにかをやりとげるだろう。

三〇 「それを引き裂くがいい」

それってなにをいうのかって？ 彼の着物を取って、引き裂くがいいというのだ。

「私はきみに乱暴をした」

それがきみにいいことであればいいが。

ソクラテスはそう心がけていた、だから彼はいつも顔色が同じであった。だがわしらは、どうすれば妨げられず、自由であろうかということよりも、むしろなんでも修行し、練習したいのだ。

「哲学者たちは、パラドックスをいう」

だが他の技術には、パラドックスはないか。見えるようにするために、ひとの目を突く[7]よりも、なにがよりパラドックスだろうか。もしひとが医術について、経験のない人にこれを話したとするならば、話す人は笑われないだろうか。そうすると、また哲学のばあいでも、多くの真理が経験のない者に、パラドックスに思われてもなんのふしぎがあろうか。

① 「つつしみはきみのものだ」はアプトンの補いによって読んだ。

② 農神祭（サトルナリア）は、サトゥルヌスなる農業の神の祭りで、十二月十七日から三日間続く。ローマ人はサトゥルヌスをギリシアのクロノスと同一とするが、実際はデメテルに似ている。語源的には「蒔く」に由来し、農業神であるとともに社会秩序の神である。

③ ホメロス『イリアス』のなかに出てくる少女の名。ギリシア軍がある町を攻めて戦利品を分けたとき、総司令官アガメムノンと勇将アキレウスとはそれぞれ分け前として少女を得た。ところでアガメムノンは少女の父の神官から娘の返却を乞われて断わる。神官は神に復讐を祈る。ために疫病

が流行した。占いで原因がわかり、やむなく娘を返したが、アガメムノンはその代わりとして、返却をすすめたアキレウスから彼の得た少女ブリセイスを奪う。アキレウスは怒って前線より退き、ギリシア軍の旗色は悪くなる。

(4) 小アジアの西北地方。ペルシアの支配下にあったり、ペルガモン王国の一部であったりしたが、一三三年にローマに帰した。

(5) エーゲ海の小島で、追放地であった。

(6) セネカの時代の犬儒派の哲学者。トラセア（ストア派の哲学者にして元老院議員）に元老院の決議が知らされたとき、ちょうどこのデメトリウスはトラセアと、心や身心の関係について議論中であった。デメトリウスはトラセアの死に侍した。

(7) 病んだ眼球の手術などを考えるべきである。

十　剛毅について（一・二九）

一　善の本質はある性質の意志であり、悪の本質もある性質の意志である。

それでは、外的なものはなにですか。

それは意志のための材料だ、意志はその材料を扱って、自分の固有の善や悪を獲得するだろう。

意志はどのようにすれば、善を獲得するでしょうか。

もし材料に驚嘆しなかったらさ。というのは、材料について考えが正しいならば、意志を善くするが、もし曲がってねじれているならば、悪くするからだ。この法則は神が立てたので、神は「汝《なんじ》、もしなにか善を得んと欲せば、これを汝自身より得よ」といっている。ところできみは、「いや、むしろ他から得る」というのだ。これはいけない、むしろきみ自身から得るがいい。

五　つまり、もし僭主がおどかして、そしてわしに出頭を命ずるならば、わしは「だれをおどかすのですか」という。「きみを捕縛するだろう」と彼がいうならば、わしは「あなたは手や足をおどかすのです」という。「きみの首をちょん切るだろう」と彼がいうならば、わしは「あなたは首をおどかすのです」という。もし彼が「きみを牢獄《ろうごく》にぶち込むだろう」というならば、わしは「あなたは私の小さい肉体全体をおどかすのです」という。また追放でおどかしても、同じことだ。

そうすると彼は、あなたをなにもおどかしていないわけですか。

もしわしが、それらのことはわしにとってなんでもないと感ずるならば、なにもわしをおどかしていないわけだけれども、もしわしがそれらのなにかを恐れるならば、彼はわしをおどかしているわけだ。けっきょく、わしはだれを恐れたことになるのか。なにの主人である者をか。わしの権内にあるものの主人をか。そのような者は、ひとりもいない。では、わしの権内にないものの主人をか。しかし、どうしてそれらのものは、わしにかかわりがあるだろうか。

するとあなたがた哲学者たちは、王さまたちを軽蔑《けいべつ》するように教えるのですか。

一〇　そんなことはない。わしらのなかのだれが、王さまたちの権力下にあるものを、自分たちのものだといって要求するように教えるだろうか。ちっぽけな肉体を取るがいい、財産を取るがいい、名誉を取るがいい、わしのまわりのものを取るがいい。わしがだれかにこれらのものを要求して抵抗するように説得したのであるならば、実際わしを訴えるがいい。

はい、しかし私はあなたの考えを支配したいのです。

しかし、だれがきみにその権力を与えたか。どういうばあい、きみは他人の考えに打ち克《か》つことができるか。

「彼に恐怖を引き起こすばあい、私は克つことになるでしょう」と彼はいう。

考えが考え自身に克ったので、他のものに負けたのではない、ということをきみは知らないのだ。また、意志自身が自分自身に打ち克つのはべつとして、他のなにものも意志に克つことはできないのだ。だからまた、「すぐれたものをして、つねに劣れるものの上にあらしめよ」という神法はもっとも強く、もっとも正しいのである。「十人はひとりにまさる」。なんのためにか。縛ったり、殺したり、好きなところへ引っぱっていったり、財産を奪ったりするためだ。十人は、彼らがまさっているその点で、ひとりに打ち克つのだ。

では、どの点において、劣っているのですか。

一五　一方は正しい考えを持っているのに、他方が正しい考えを持っていないばあいだ。そうすると、どういうことになるか。その点で打ち克つことができるか。どうしてできるか。もしわしらが秤《はかり》にかけるならば、重いほうが傾くはずではないのか。

そうすると、ソクラテスはアテナイ人から、それらのことを受ける結果になったというわけですか。

きみ、ソクラテスって、きみはなにをいうのか。ことのありのままを話すがいい。ソクラテスのちっぽけな肉体が、彼よりもっと強い者たちから奪い去られて、牢獄へぶち込まれ、そしてだれかがソクラテスのちっぽけな肉体に毒人参《にんじん》をのませて、その肉体が絶命したということをいうのか。それらのことは、きみに変に思われるのか、それらのことは不正に思われるのか、それらのことできみは神を非難するのか。そうするとソクラテスには、なにもその代償がなかったというわけか。彼にとっては、善の本質はどこにあったのか。わしらはだれに注意しようか、きみにか、それとも彼にか。彼はなんといっているか、「アニュトスも、メレトスも、[1]なるほどわしを殺すことはできるが、わしの魂をそこなうことはできない」[2]。そしてまた、「このことが神のお気に召すならば、そうなるがいい」[3]。しかし、劣った考えを持っている者が、考えのすぐれている者を支配するということを示してくれたまえ。きみは示しもしないだろうし、また、それに近いものさえ示せないだろう。なぜなら、「すぐれたものをして、つねに劣れるものの上にあらしめよ」ということは、自然や神の法則だからである。どの点においてか。すぐれているその点においてである。

三〇 ある肉体は他の肉体よりもより力強く、多数者は一人者よりもより力強く、そして盗賊は盗賊でない者よりもより力強い。だからわしもランプをなくしたのだ。というのは、寝ないでいることでは、盗人はわしよりもよりうわてだからである。しかし彼は、それだけの値でランプを買ったのだ、彼はランプのために盗人となり、ランプのために不実な者となり、ランプのために畜生のようになったのである。それが彼には得《とく》であると思われたのだ。

それはそれとしておこう。しかし、だれかがわしの着物をつかんで、わしを広場に引っぱって行く。それから他の連中が、「哲学者よ、きみの考えはきみになにか役に立ったか。見たまえ、きみは牢獄に引っぱって行かれる。見たまえ、きみは首をちょん切られようとしているのだ」と叫ぶ。

強い者がわしの着物をつかむばあいに、引っぱられないために、わしはどのような哲学入門を勉強しただろうか。また十人の者が、わしを引きまわして牢獄へぶち込むばあい、ぶち込まれないために、わしはどのような哲学入門を勉強しただろうか。それでは、わしは他のなにも学ばなかったのか。学んだ、すべての出来事は、もしそれが「意志外のものであるならば、わしにたいしてなんのかかわりもない」ということを知るために学んだ。

三五 それではこのために、なんの役にも立たなかったのか。なんできみは、学んだところよりほかのところに利益をさがすのか。けっきょくわしは、牢獄のなかにすわりながら、「これらのことを叫んでいるこの人は、意味されていることに耳を傾けもしなければ、いわれていることを理解もしないし、また一般に哲学者たちについては、彼らがなにをいい、なにを為《な》すかを知ろうとさえ心しなかったのだ。彼はほうっておこう」というのである。

「しかしまた牢獄から出るがいい」

きみたちが、もうわしに牢獄で用がないというのならば、わしは出よう。またご用とあらば、はいろう。いつまで？　わしが小さい肉体といっしょにいるように、理性が指図しているかぎりだ。しかし指図しなくなったら、わしからその肉体を取るがいい、そしておさらばというわけだ。ただ無考えからでもいけなければ、ただ女々《めめ》しさからでも、ただその場かぎりの口実からでもいけない。というのは、また神もそれを欲しないからだ。なぜかというに、神はこのような宇宙と、地上におけるこのような生き物とを必要とするからである。だが、彼がソクラテスにたいしてのように、退却の合図をするならば、将軍に従うように、合図をする者に従わねばならない。

三　そうすると、どういうことになりますか。これらのことを、多くの人々にいわねばなりませんか。

なんのために？　というのは、自分が納得するだけで満足ではないのか。子どもらがやってきて拍手をして、「きょうは農神祭、おめでとうございます」というとき、その子どもらにたいして、わしらは「そりゃめでたくない」というだろうか。けっしていわない。いや、自分たちもいっしょに拍手をするのだ。そこできみも、だれかに得心させて考えを変えさせることができぬばあいは、彼を子どもだと思って彼といっしょに手をたたくがいい。だが、もしそれを好まないならば、けっきょく黙っているがいい。

これらのことを覚えておくべきだ、そしてなにかこのような困難に呼び出されたならば、教養がわしらの身についたかどうかを見せるときが来たのだと知るべきである。というのは、学校を出て実際の困難に向かう若者は、推論の解き方を勉強してきた人のようなものである。もしだれかが彼に解きやすいのを出すならば、彼は「練習になるように、どうかもっと巧妙に仕組んだものを出してください」という。闘技者たちも、体重の軽い青年たちは気に入らない、「彼はぼくを持ち上げることはできない」と彼はいう。

三五　これは素質のいい青年である。ところがひとはそうではなくて、むしろ時が来て呼び出されると、彼は泣いて、そして「もっと勉強しておけばよかったのに」といわねばならないのだ。なにを。もしもきみがそれらのことを行為で示すために学んだのでないならば、なんのためにそれらを学んだのか。ここにすわっている人たちのなかには、だれか自分でひそかに苦痛に思いながら、「この人にやってきたような困難がいま、私にやってこないだろうか。オリンピアで栄冠を得ることができるのに、隅《すみ》っこにすわって、私はいま時を浪費せねばならないのか。いつひとは、このような競争を私に通知してくれるだろうか」という人がいるとわしは思う。きみたちは、みなそのような気持でいなくてはならない。しかし皇帝おかかえの剣客のなかには、だれも彼らを出場させたり、試合させたりしてくれないのを不平に思っている人たちがいる。そして彼らは、神に祈ったり、監督者のところへやってきたりして、闘わせてくれるように頼むのだ。だがきみたちのなかからは、このような者はだれも出てこないだろうか。わしはこのためにこそ、ローマへ航海したがったのだ。そしてわしの闘技者がなにをしているか、どのように問題を解決するか、見たがったのだ。

「私は、このような問題は好みません」とひとがいう。

　きみの好きな問題を取るということは、いったいきみの権内にあることかね。きみにはこのような肉体、このような両親、このような兄弟、このような祖国、祖国におけるこのような位置が与えられたのだ。それからきみがわしのところへ来て、「どうぞ問題を取り替えてください」というのである。するときみは、与えられたものを駆使する手段を持っていないのか。問題を提出するのはあなたの仕事であり、それをりっぱに解決するのは私の仕事だ、ときみはいうべきだ。

四〇　ところがそういわずに、むしろきみは、「どうかこのような結合命題《トロピコン》[4]をではなく、このような別のものを出してください。このような推論《エピポラ》の結論をではなく、このような別のものを出してください」というのである。おそらく悲劇役者たちは、自分自身を仮面であるとか、半長靴であるとか、長袖《ながそで》であるとか思うときが来るだろう。ねえきみ、きみはそれらを材料や問題として持っているのだ。きみは悲劇役者なのか、それとも道化役者なのか、どちらかわしらにわかるように、なにか声を出してみてくれたまえ。というのは、どちらもその他の点では共通なのだから。だから、ひとが彼から半長靴や仮面を取り去り、彼を似姿だけで登場させるならば、彼は悲劇役者ではなくなるか、それともまだそうなのか。もし声を出すならば、まだ悲劇役者である。

この世においても同じことだ。「指図を受け取るがいい」わしは受け取る、そして受け取ったならば、教養のできた人はどのようにふるまうかを、わしはお目にかけるのだ。

四五「元老服を脱いで襤褸《ぼろ》を身につけ、このような仮面で登場するがいい」そうすると、どうなのか。わしは美しい声を出すことが許されないのか。

「それでは、いまきみはどんな資格で登場しているのか」

神から呼び出された証人としてだ。神は言っている、「きみは来るがいい、そしてわしのために証言するがいい。というのは、きみはわしから証人として呼び出されるに値するからだ。意志外のものは、まさか善か悪ではあるまいね。まさかわしはだれかを害してはいまいね。わしは各人の利益を、まさかその人の権限以外のところに置いてはいまいね」と。きみは神にたいしてどんな証言をするか。

「主よ、私は悲惨で不運です。だれも私を顧みてくれません。だれも私になにもくれません、みんなが非難し、悪口をいいます」

きみは以上のことを証言しようとするのか、そして神のなしたこの呼出しを辱《はずか》しめようとするのか。というのは、彼はきみにこの名誉を帰し、きみをこのような重大な証人として連れてくるに値すると考えたのだからである。

五 しかし権力を持っている者が、「わしはきみを無信仰であり、不敬虔《ふけいけん》であると判決する」と公言する。きみになにごとが起こったのか。

「私は無信仰であり、不敬虔であると判決されたのです」

その他はなんでもなかったのか。

「なんでもありませんでした」

だがもし、なにか仮定論について判断をして、そして「もし昼であるならば、明るい、という命題は嘘《うそ》だ、とわしは判断する」と判決をくだしたとするならば、この仮定論になにが起こったのだろうか。このばあいには、だれが判決され、だれが宣告されたのか。仮定論がなのか、もしくは、それについて欺かれた者がなのか。そうすると、きみについてなにか宣告する力を持ったその人は、いったいだれなのか。彼は知っているか。彼は信仰とはなにか、無信仰とはなにか。それを心にかけたか、勉強したか。どこで？　だれのところで？　それからもし彼が最低音について、それを最高音だと公言するならば、音楽家は彼に振り向かないだろう。また、中心から円周にいたる線を等しくないと判定するならば、幾何学者も彼に振り向かないだろう。だが本当に教養ある者は、無教養な人間が、敬虔や不敬虔について、また正義、不正義についてなにか判定するとき、彼に振り向くだろうか。

おお、教養あるおかたがたの、なんと不正の多いことか。すると、これらのことをきみは、ここ（＝学校）で学んだわけなのか。

五五 きみは、これらのことについての小理屈は、ぐうたらなお人よしたちに委せておく気はないか。彼らは、隅っこにすわって賃金をもらったり、自分になにもくれる者がないとぶつぶついったりしているがいい。だがきみはやってきて、きみが学んだものを用いる気はないか。というのは、いま欠けているものは、小理屈ではないのだ、いや、書物はストアの小理屈でいっぱいなのだ。それでは、欠けているものはなになのか。それはそれを用いる人だ、つまり、行為でことばを証拠立てる人なのだ。どうかこの役を引き受けてくれたまえ、学校で、もう古い例を用いないで、わしらの時代の例をあげられるように。そうすると、これらのものを見るのは、だれの仕事なのか。ひま人⑤の仕事だ。人間は見ることの好きな動物だからね。しかしそれらのものを、脱走奴隷が見るようにきょろきょろ見るのは、みっともない。むしろじっとすわっているがいい、あるいは悲劇役者に、あるいは竪琴《たてごと》ひく人に耳を傾けるがいい、脱走奴隷のやるようにではない。

脱走奴隷は、そこに立って、悲劇役者を褒《ほ》めたかと思うと、同時にまわりをきょろきょろ見まわす、それからだれかが彼の主人の名をいうと、すぐさま恐れあわてるのだ。哲学者たちが、

六〇 自然の仕事を見るのにそのようなふうでは、みっともない。いったい主人というのはなになのか。人間が人間の主人ではなく、死や、生や、快楽や労苦が主人なのだ。というのは、これらのものについての権利なしに、皇帝をわしに連れてくるがいい、そうすれば、わしがどんなにしっかりしているかわかるだろう。だが、これらのものを伴って、雷を鳴らしたり、電光をきらめかしたりしながらやってきて、わしがそれらを恐れたのであるならば、わしはちょうど脱走奴隷のように、主人を認めたのでなくてなんだろうか。だが、わしがそれらのおどかしから猶予されているかぎりは、脱走奴隷が芝居にやってくるように、わしもそのようにして、風呂にはいったり、飲んだり、うたったりする、だが、なにをしてもびくびくして惨めなわけだ。ところが、もしわし自身を主人から解放するならば、つまり、主人をこわいものにしているものから解放するならば、わしはさらにどんな面倒なものを持っており、さらにどんな主人を持っているだろうか。

　そうすると、どういうことになりますか。私はそれらのことを、すべての人に知らせるべきでしょうか。

　いやむしろ、ふつうの人たちとつきあって、そして「この人は、自分にいいと思われるものを私に忠告しているのだ。私は彼を赦《ゆる》そう」というべきである。

六五　というのは、ソクラテスも、彼がまさに毒をのもうとするとき、泣いている獄卒を赦した、そして「なんとけなげに、われわれのために泣いたんだろう」といっている。「だから私は、女たちを家に帰したのだ」なんて、まさかその男にいわなかったろうね。だが、それを親しい者たち、つまり、それを聞いてわかる者たちにはいっているのだ。だが彼は、その男とは、子どもにたいしてのようにつきあったのである。

① ともにソクラテスの告訴人。アニュトスは富めるアテナイ人で、民主党の指導者。ソクラテスの告訴人としてもっとも恐るべき人であった。メレトスは詩人。ソクラテスの告訴人というのは有名無実ともいわれるが、プラトンの作品では告訴人。
② プラトン『ソクラテスの弁明』30 c。
③ プラトン『クリトン』43 d。
④ たとえば、「もし昼ならば光がある」「ところで昼である」「ゆえに光がある」において、第一の命題がトロピコンで、第三の命題はエピポラである。
⑤ 原語スコラゾーは、閑暇がある、仕事をしていないということ。世俗的な仕事をしていないひまな者にして、はじめて学問することができる。学校の原語は閑暇である。σχολή = schole = Schule = school.

第二巻

一　大胆は慎重に矛盾しないということ（二・一）

一　哲学者たちによって主張されていることは、たぶんある人々には、一般の考えに反しているように思われるかもしれない。だがそれにもかかわらず、彼らの主張する、「なにごとも慎重と同時に、大胆をもってやるべきだ」ということが本当であるかどうか、できるだけ考察してみようではないか。というのは、慎重ということは、ある意味で大胆にたいして反対であるように思われるし、また相反するものは、けっしていっしょにあることはできないからである。

だがこのばあい、多くの人々に、一般の考えに反しているように思われるものは、なにかこのようなものに属しているように思われる。なぜなら、もしわしどもが、同じことにたいして、慎重であるとともに大胆であることを要求するならば、結びつかぬものを結びつけているといって、ひとがわしどもを非難するのは正当だろうからだ。ところで現にいまいわれたことは、なにか変だろうか。というのは、何度も語られ何度も証明されたことであるが、「善《よ》いものを善くあらし
五 める善の本質は、心像の使い方であって、悪いものを悪くあらしめる悪の本質も同様だということ、また意志外のものは、そういう悪の本性でも善の本性でもない」ということが、もしも正しいならば、哲学者たちが「意志外のもののあるところでは、きみは大胆であれ、だが、意志的なもののあるところでは、慎重であれ」というばあい、彼ら哲学者は、一般の考えに反したどんなことを主張しているのだろうか。

　というのは、もし悪が悪い意志にあるのならば、このことにたいしてだけは慎重でなければならない。だが、意志外のものやわしどもの権内にないものが、わしどもにたいしてなんらかかわりがないならば、それらにたいしては大胆であるべきだからだ。かくてわしどもは、慎重であると同時に、大胆であることになるだろう、しかもゼウスに誓って、慎重のゆえにこそ大胆だということになるだろう。なぜかというに、わしどもは、本当に悪いものにたいしては、慎重であることによって、そうでないものにたいしては、大胆であるという結果になるだろうから。

　しかしわしどもは、鹿が経験するようなことを経験するのだ。鹿が羽毛[1]を恐れて逃げるとき、彼らはどこへ走って行くか、なにを安全地帯と見なして隠れるか。それは網を目ざしてである。

そしてこのようにして彼らは、恐るべきものと大胆であるべきものとを取りちがえて、身を滅ぼすのだ。わしどももそのとおりである。わしどもはどんなばあいを恐れているか。意志外のもののばあいをである。また、どんなばあいにおいてわしどもは、なにごともこわいことがないかの10 ように、大胆にふるまっているか。それは意志的なもののばあいにおいてである。わしどもはだまされようが、軽率なことをしようが、なにか恥ずかしいことをしようが、あるいは恥ずべき欲望をいだこうが、意志外のものにおいて目的を達しさえすれば、どうでもいいのだ。だが、死や、追放や、苦労や、悪評のあるところ、そこではわしどもは、あとずさりをし、そこではおびえているのである。

そういうわけでわしどもは、もっともだいじなことでまちがっている人々のように、本来の大胆を、向こう見ずや、自暴自棄や、厚顔や、破廉恥となし、本来の慎重とつつしみとを、恐怖や不安に満ちた臆病《おくびょう》や、卑屈とするのである。というのは、もしひとが慎重を意志や意志的行動のあるところに移すならば、ただちに彼は、慎重にしようとすると同時に、回避をも自分の権内にあるものとするだろうが、もしわしどもの権内にないものや、意志外のもののあるところに移すならば、他の人々の権内にあるものを避けようとして、必然、恐れ、うろたえ、不安にならざるをえなくなるからである。なぜなら、死や苦労がこわいのではなくて、苦労や死をこわがることがこわいのだからだ。だからわしどもは、

死は恐るべからず、恥ずべき死は恐るべし
といった人[2]を賞賛する。

そこでわしどもは、死にたいしては大胆を向けるべきであり、死の恐怖にたいしては慎重を向けるべきである。ところが事実は反対で、死にたいしては逃避するが、死にかんする思惑にたいしては、冷淡や、不注意や、無関心をもってするのである。だがソクラテスは、それらのものをうまく、「お化け」[3]と呼んでいた。というのは、ちょうど子どもらには、経験がないために、その仮面が恐ろしく、こわく見えるように、わしどももこの世の事柄にたいしては、同じような気持をいだく。そのわけは、ちょうど子どもらがお化けにたいするのと、ちっともちがわないからだ。

五

いったい子どもというのは、なになのか。それは無知ということだ。子どもとはなにか。無学である。というのは、彼らが知っている領域では、彼らもわしどもに劣ることはないからだ。死とはなにか。お化けだ。裏返しにして、それをよく調べるがいい。ほら、かみつかないだろう。小さな肉体は、まえに分離していたように、小さな気息（＝魂）から、早かれ晩《おそ》かれ、分離せねばならぬのだ。ところで、いま分離するのだとすると、なぜきみは不満なのか。なぜなら、いまもし分離するのでないとすれば、もっとあとで分離するのだからである。なぜって？　宇宙の周期的回帰[4]が完成されるためだ。つまりそれは、現在の者と、未来の者と、過去の者とが必要だからだ。

苦労というのはなにか。お化けだ。それを裏返しにして、よく調べてみるがいい。小さい肉塊
二〇 が激しく動かされて、それから反対にゆるやかに動かされるのだ。もしきみに益がなければ、戸はあいている。もし益があれば、がまんするがいい。というのは、すべてにたいして、戸はあいているはずであり、かくて、なにも面倒はないからだ。

それでは、これらの教説からの結実はなにか。本当に教養ある人々にとって、もっとも美しく、もっともふさわしくあるべきものは、平静であり、無畏《むい》であり、自由である。つまりこれらについては、「自由人たちだけが、教養を受けることが許される」と主張している大衆を信ずべきではなく、かえって、「教養ある人々だけが、自由なのだ」と主張する哲学者たちのほうを信ずべきである。

「それはどうしてですか」

こういうわけだ。どうだ、自由とは、「われわれの好きなように生きることができる」ということではないか。

「そうです」

それでは、どうかいってくれたまえ、諸君。きみたちはまちがいを犯しながら生きたいか。

「そんなことはありません」

それでは、まちがっていては、だれも自由でないわけだね。きみは恐れながら生きたいか、苦しみながら生きたいか、不安がりながら生きたいか。

「けっしてそんなことはありません」

そうすると、だれでも、恐れたり、苦しんだり、不安がったりしている者は、自由でないことになる。だが、なんぴとにせよ、苦痛や、恐怖や、不安から離脱している者は、同じ論法で、奴隷であることから離脱していることになるわけだ。

三五 そうすると、親愛なる立法家諸君、わしどもはどうしてなおも、「自由人たちでなければ、教養を受けることは許されない」というきみたちを、信用するだろうか。というのは、哲学者たちは、「教養を受けた人々でなければ、自由であることは許されない、すなわち神はそれを許さない」と主張しているからだ。

「それでは執政官の面前で、自分の奴隷に方向転換[5]をさせるとき、彼はなにもしなかったのですか」

そりゃ、したよ。

「なにをですか」

執政官のまえで、自分の奴隷に方向転換をさせたのだ。

「その他は、なにもしないんですか」

するよ、彼は解放税として二十分の一税[6]を支払わねばならない。

「すると、どういうことになりますか、以上のことをしてもらった者は、自由にならなかったのですか」

なっていないね、平静になっていないと同様に。なぜなら、他の人々に方向転換させることのできるそのきみは、なんぴとをも主人として持っていないか。きみは金銭や、少女や、子どもや、僭主や、僭主のだれか友人を、主人としていないか。それではどうして、なにかこのような困難に出くわすと、きみは震えるのか。

だから、わしはいく度も繰り返して、「なににたいして大胆であり、なににたいして慎重であるべきかということ、つまり意志外のものにたいしては大胆であり、意志的なものにたいしては慎重であるべきだということ、これらのことを練習し、これらを身につけておくがいい」というのだ。

三〇「しかし私は、あなたに朗読しませんでしたか、またあなたは、私がなにをしているか、ご存じなかったんですか」

なにをしているのか。

「ちょっとした言句の勉強をしています」

きみはちょっとした言句の勉強はやめたがいい。そして欲望や忌避にたいして、きみはどんなぐあいかを、見せてくれたまえ。つまり、きみが欲しているものを得そこねるようなことがないかどうか、また、きみの欲しないものに出会うようなことがないかどうかを、見せてくれたまえ。だが、もしきみに分別があるならば、それらの回り道は取り去って、なくしてしまうだろう。

「なんですって？　ソクラテスはなにも書かなかったんですか」

書いたよ、しかもだれがあんなにたくさん書いたか[7]。しかしどうしてかといえば、それは彼が、彼自身の考えを論駁《ろんばく》してくれる者、あるいは交替に論駁させる人を、いつも持っていることができなかったからで、そこで彼は、自分自身を論駁したり、吟味したり、一つのあらかじめ持っている観念を、いつも有用に練習したりしたわけなのだ。それらのことは、哲学者が書いている。だが、ちょっとした言句や、「彼がいった」とか、「私がいった」[8]ということは、他の人々、つまり無感覚な人々とか、おめでたい人々とか、なにもしないでひまに暮らしている人々とか、あるいは、ばかなために、なにも前提からの帰結を推理することのできないような人々に委《まか》せているわけだ。

ところがいま、時機が到来したのだから、きみは行ってその書いたものを見せたり、朗読した
三五 り、自慢したりすることだろう、「私がどのように対話を書き綴《つづ》っているか、ご覧ください」と。いやそうではない、ねえきみ、むしろつぎのように自慢するだろう、「ご覧、欲望するとき、私はどんなふうに得そこねないか。ご覧、避けるとき、私はどんなふうに避けそこねない

か。死を持ってくるがいい、そうすればあなたはわかるでしょう。労苦を持ってくるがいい、牢《ろう》獄《ごく》を持ってくるがいい、悪評を持ってくるがいい、刑の宣告を持ってくるがいい」と。それが学校を出てきた青年の演技ぶりなのだ。

しかし、他のことは他の人々に委せるがいい、それらについてきみは、ひとに一言も聞かさぬがいい、もしひとがそれらについてきみをほめるならば、それはしんぼうせぬがいい、また自分をつまらぬものであり、なにも知っていないと思うがいい。いかにきみが得そこねず、避けそこねないか、ただこのことだけを知っているということを、見せるがいい。ある人たちは正義を練習し、ある人たちは問題を、ある人たちは推論を練習する、きみは死ぬことを、きみは縛られることを、きみは拷問にかけられることを、きみは追放されることを練習する。それらすべてを勇ましく練習するがいい、そしてきみをそれらへ呼んでいる者や、この位置をきみに似つかわしいと判断している者を信頼して、練習するがいい。そしてその位置にきみがおかれるならば、理性的な指導能力は、意志外の権力に対抗し、どんなことができるかを、きみは示すことだろう。

四〇　このようにして、慎重にして同時に大胆でなければならないということ、すなわち意志外のものにたいしては大胆であり、意志的なものにたいしては慎重でなければならない、というあの一般の考えに反していることは、もはや不可能とも見えなければ、一般の考えに反しているとも見えないのである。

①　ここの「羽毛」というのは、色でそめた羽毛を竿《さお》の先につけたもので、威嚇用の道具として用いられたものである。
②　エウリピデスであろうといわれ、あるいは未知の悲劇詩人ともいわれる。
③　プラトン『パイドン』77e、『クリトン』46c。
④　ストア派独自の思想で、宇宙は長年月の間に世界燃焼を経て、再び前と全く同じ状態に戻っていき、それが永遠に繰り返される。永劫回帰とも呼ばれ、ニーチェに影響を与えたことで知られる。
⑤　「方向転換」というのは、奴隷解放の儀式で、奴隷に自由を与えて身分的に自由人とするとき、執政官の面前で、主人が奴隷になにかいうと、奴隷が向きを変える。かくて自由となる。
⑥　ローマでは、奴隷は自由を買い取ることができた。価格は奴隷の質にも市場にもよるが、通例二十ポンドくらい。買い取った奴隷は二十分の一の税金を納めねばならなかった。
⑦　ふつうソクラテスはアポロンの賛歌、イソップの翻訳は別として、ほかにはなにも書かなかったということになっている。しかしここの箇所では、ソクラテスはたくさん書いたことになっている。そこで学者によっては、これはソクラテスではなく、他の人、たとえばクリュシッポスと書くべきではなかったのかといわれている。しかし、前後の関係を見れば、意識してソクラテスをあげていることは明らかである。するとソクラテスはなにも公にはしていないが、公にするつもりでなく、自論自駁、自己訓練のためにたくさん書いたという意味にとるべきであろう。
⑧　原語のアタラクシアは、「平静」と読むのと「なにもしないで」と読むのと二説ある。前者は、エピクテトスではきわめてたいせつで、次章のテーマとなっているほどである。しかしここでは、

「仕事をしないなまけ者」の意味が強い。

二　平静について（二・二）

一　見てみるがいい、裁判所へ行こうとしているきみは、なにを保持しようとしているのか。ど
の点で成功しようとしているのか。なぜなら、もしきみが、意志を自然にかなっているように保
持しようとするのならば、すべてはきみに安全であり、すべてはきみに都合よく、きみは困るこ
とがないだろうから。いったいきみが、まったくきみの権内にあるものや、本来自由であるもの
を保持しようとし、しかもそれらで満足するならば、さらにきみはだれが気になるのか。いった
い、だれがそれらの主人なのか。だれがそれらを取り去ることができるのか。もしきみがつつし
み深く、誠実であろうとするならば、だれがきみにそれを許さないだろうか。もしきみが妨げら
れまい、強《し》いられまいとするならば、だれがきみに、きみのほしいと思わぬことを、ほしがるよ
五　うに強いるだろうか、きみの避けたいと思わぬものを、避けるように強いるだろうか。しか
し、なにをであるか。ひとはなにかこわく思われることを、きみになすことだろう。だが、ひと
はどうして、きみにこわく感じさせて、それを避けるようにすることができるだろうか。そこで
求めたり、避けたりすることが、きみの権内にあるとき、きみはさらにだれが気になるのか。こ

れをきみの序論としておこう、これをきみの叙述、これをきみの証明、これをきみの勝利、これをきみの結論、これをきみの賞賛としておこう。

　だからソクラテスは、裁判に備えるようにと彼に気づかせてくれた人にたいして、「そうするとおまえには、わしが全生涯そのために備えているのだとは、思われないのか」といった。

「どのような備えですか」

　彼はいった。「わしは、わしの権内にあるものを保持したのだ」

「どういう意味ですか」

「なにも不正なことは、わしはけっして、私的にも公的にもしなかったということだ」

10　だが、もしきみが外的なもの、すなわち、ちっぽけな肉体、わずかの財産、また、ちょっとした名声を保持しようとするならば、わしはきみにいおう、すぐ、すべてできるだけの準備をするがいい、そしてさらにまた、裁判官というものの本性や敵を考察するがいい。もし彼らのひざを抱きかかえねばならないならば、抱きかかえるがいい。泣かねばならないならば、泣くがいい。ため息をつかねばならないならば、ため息をつくがいい。つまり、きみがきみのものを、外界のものに従属させるときは、きみはもう奴隷となるがいいのだ。もはや反抗せぬがいい、奴隷になりたがったり、奴隷になりたがらなかったりするな。いや絶対的に、そして全心から、これかあれかであるがいい。自由人か、奴隷かであれ、教養ある者か、無教養な者かであれ、りっぱな雄鶏か、つまらぬ雄鶏かであれ、あるいは、死ぬまでなぐらせておくか、すぐ投げ出すかであれ。きみはうんとなぐられて、それからあとで投げ出すようなことはせぬがいい。もしそれらのことが恥ずべきことであるならば、即刻もう、「善悪の本性はどこにあるか。真理のあるところにだ。真理のあるところ、自然本性のあるところ、そこに慎重がある。真理のあるところ、自然本性のあるところ、そこにまた大胆もあるのだ[①]」ということを、はっきりさせておくがいい。

一五　実際きみは、ソクラテスに外物を保持しようという気があったら、進み出て、「アニュトスも、メレトスも、なるほどわしを殺すことはできるが、わしの魂をそこなうことはできない」などといったと思うか。彼はまさにその道が、そこ（＝生）に通ぜずに、別のところに通じているのがわからぬほどばかだったのだろうか。そうすると、なんで彼は理由もなく刺激を加えるのか。ちょうどわしの友であるヘラクレイトスが、ロドスでちょっとした土地について小訴訟事件があったとき、彼は裁判官たちに、自分の主張の正しいことを証明してから、結論に達したとき、「しかし、わしはきみたちにお願いもしないし、また、きみたちがなにを判決しようとしているか、少しも気にかけていない。きみたちのほうがわしよりも判決されるべき人々だ」といったように。かくて、彼はその小訴訟事件を終わらせた。それがなんの役に立ったか。願わぬだけでいい、「わしは願わぬ」などとつけ加えるな、あたかもソクラテスのばあいのように、裁判官を刺激するちょうどいい時機でないならば。またもしきみが、そのような結論を準備しているのであ

二〇 るならば、なぜきみは裁判所へ出頭するのか、なぜ召喚に応ずるのか。というのは、もしきみが十字架にかけられたいのならば、待っているがいい、十字架がやってくるだろうから。だがもし理性が、召喚に応じ、そしてできるだけ説得することのほうを選ぶのならば、自分のことを保持しながら、その帰結をなさねばならない。

かくて、「どうぞ忠告してください」というのは、おかしいことだ。わしはきみに、なにを忠告しようか。いやむしろ、「なにが起ころうと、起こったことにたいして、私の心の持ち方を適合させるようにしてもらいたい」というべきだ。というのは、それはちょうど、書くことのできない人が、「私がなにか名まえを書くように命ぜられたとき、なにを書いたらいいのか、どうぞいってください」というのと同じことだからだ。つまり、もしわしが彼にディオンと書けといい、それから他の者がやってきて、ディオンという名ではなくテオンという名を書けと忠告するならば、なにが起こるだろうか。彼はなにを書くだろうか。しかしもしきみが書く練習ができているならば、きみは口授されるすべてにたいして、準備ができているわけである。もしそうでなけれ
二五 ば、わしはきみにいまなにを忠告しようか。というのは、事柄がなにか他のことを命ずるならば、きみはなにを話すだろうか、なにをなすだろうか。それでこの一般原理を覚えておくがいい。そうすれば、きみは忠告に事欠くことはないだろう。だがもし外物にたいして、あんぐり口をあけているならば、必然きみは主人の意志に従って、上へ下へと動揺せざるをえないだろう。

主人とはだれなのか。それは、きみののぼせあがったり、忌避したりしているものについて、権力を持っている者なのだ。

(1) カギ括弧内の文は前文と続かない。前章に続くのではないかとの説もある。

三　いかにして、おおらかな心と、注意深さとが両立するか(二・五)

一　もろもろの事物は、善でも悪でもないものであるが、それらの使用は、善でも悪でもないものではない。そうすると、いかにしてひとは、剛毅《ごうき》や平静を保つと同時に、また注意深く、でたらめでもぞんざいでもないことができるだろうか。それは、さいころ遊びする人をまねればいい。数とり石は善でもなければ悪でもないし、また、さいころもそのとおりだ。投げてなにが出るかを、わしはどこから知るだろうか。しかし、投げ出されたものを注意深く、うまく利用することは、それはもうわしの仕事である。かくて、人生のばあいでもそのとおりで、おもな仕事は、事柄を区分したり区別したりして、そして「外物は私の権内にないが、意志は私の権内にある。

五　私は善《よ》いものや悪いものをどこにさがそうか。それは内部の私のもののなかにだ」ということである。だが、他人のものにおいては、けっして善であるとも、悪であるとも、有用であるとも、有害であるとも、この種のなにか他のものであるとも、いってはならない。

　そうすると、どういうことになるか。これらのものはいい加減に使用すべきなのか。けっして
そうではない。というのは、いい加減に使用することは、反対に、意志にとって悪いことであり、
かくて自然に反するからである。しかし一方では、使用は善悪無差別なものではないのだから、
注意深く使用せねばならないと同時に、他方では、ものは善でも悪でもないのだから、剛毅に、
平静に使用せねばならない。なぜなら、善悪無差別でないところでは、だれもわしを妨げること
もできなければ、強《し》いることもできないからだ。また、わしが妨げられたり、強いられたりする
ところでは、それらのものの獲得はわしの自由になるものでもなければ、また、善でも悪でもな
い、だがその使用は、あるいは悪、あるいは善であり、むしろわしの自由になるものだ。これら
のもの、つまり、もろもろの事物に熱中する人の注意深さと、それらに超然たる人の剛毅とを混
10 合し、結合することはむずかしいことである、だが、不可能ではない。もしそうするのでな
ければ、幸福になることはできないだろう。しかしわしどもは、ちょうどなにか航海のばあいの
ように、行動しているわけだ。わしのできることはなにか。船の舵《かじ》取りや、船員や、日や、時間
を選ぶということである。それから暴風がやってきたとする。そうするとわしは、さらになにを
心配すべきなのだろうか。というのは、わしのなすべきことはなされたからだ。問題は、他人、
すなわち船の舵取りにあるのだ。しかし船が沈んで行くとする。そうすると、わしはなにをする

ことができるか。わしはわしのできることだけをする、つまり、わしは恐れず、泣かず、神を責めず、むしろ生者必滅のことわりを知って、おぼれて死ぬのだ。なぜなら、わしは永遠なものではなくして、人間であり、ちょうど一日のなかの時間であるように、全体のなかの部分だからである。わしは時間のように来て、時間のように去らねばならない。そうすると、どのようにして去ろうと、すなわちおぼれて去ろうと、熱病で去ろうと、わしになんのちがいがあるだろうか。というのは、わしはなにかこのようなものをとおして、去って行かねばならないからである。

一五 このことは、うまく鞠《まり》遊びをする人たちにも見られるだろう。彼らはだれも、鞠については、善いとか悪いとかの差別をつけないが、投げたり、受けたりすることについては、差別をつける。したがって、ここにうまさがあり、ここに技術があり、素早さがあり、気転があるのだ。それでわしは、着物をひろげてもそれを捕えることができなかったり、またわしが投げたばあいに、相手の者が捕えたりするのだ。だが、もしわしどもがいらいらしたり、恐怖をいだいたりして、それを受けたり、投げたりするのであるならば、それはさらにどういう種類の遊戯なのだろうか、また、ひとはどこに落ち着くことができるだろうか、どこに遊戯の結果が見られるだろうか。いや、ある者は「投げろ」といい、他の者は「投げるな」といい、ある者は「きみはいちど投げた」[1]というのである。実際これは、争いであって遊戯ではない。

そうすると、ソクラテスは鞠遊びを心得ていたことになる。

どういう点でですか。

法廷で戯れる点でさ。彼はいっている。「どうかいってくれたまえ、アニュトス君、どうしてきみは私が神を信じないと主張するのか。きみはダイモン[2]をなんだと思うか。それは、じつは神々の子ではないか、あるいは人々と神々との混合物ではないか」。アニュトスがそれに同意したとき、「そうするときみは、だれが騾馬《らば》の存在は信じるが、驢馬《ろば》の存在は信じないと思うか[3]」と、あたかも鞠をもてあそぶがごとくであった。そしてそのとき、そこのまんなかにあった鞠は

三 なにであったか。それは縛られることであり、追放されることであり、毒を飲むことであり、妻との離別であり、子どもを孤児として残すことであった。これらが彼の戯れの対象であった。しかしそれにもかかわらず、彼は戯れ、しかもじょうずに鞠遊びをしたのである。そのようにわしどもも、一方にはうまく鞠遊びをする者の注意深さと、他方には鞠についてのような無関心さとを持たねばならない。つまりなにか外界の事物については、わしどもはどうしても腕をふるわねばならない、しかしその外界の事物に執着してではなく、それがどんなものであろうと、それについての腕前を見せてだ。このようにして織物師も羊毛をつくらぬが、しかしどんなものを受け取ろうと、それについて腕前を発揮するのである。神はきみに栄養や財産を与えもするし、またまさにそれらのものを奪うことも、小さい肉体を奪うことさえもできるのだ。したがって、きみは材料を受け取って加工するのだ。そこでもきみが無事に切り抜けるならば、きみに出会う他

の人々はきみが助かったことをいっしょに喜んでくれるだろう、また、このようなことを見抜くことのできる者は、もしきみがこのことにおいてりっぱにふるまったのを見るならば、きみを褒《ほ》めもし、また喜んでもくれるだろう。だが、もしなにか醜いことによって助かったのを見るならば、その反対である。というのは、喜びが道理にかなっているばあいにかぎり、他の人もともに喜んでくれるからだ。

そうすると、なにか外界の事物が、自然にかなっているとか自然に反しているということは、どうしていえるか。後者は、あたかもわしどもが全体から孤立した絶対的なものであるかのように思うばあいだ。なぜなら、足にとっては、きれいであることは自然にかなっているとわしはいうけれども、もしきみが足を足としてとり、そして孤立しないものとしてとるならば、それは泥《どろ》のなかにはいることも、いばらを踏むことも、また時あっては全身のために切断されることもふさわしいからである。

二五 だがもしそうでなければ、それはもう足ではなくなるだろう。なにかこのようなことを、わしどものばあいにも考えねばならない。きみはなにか。人間である。もしきみがひとを孤立したものと考えるならば、老年まで生き、富み、丈夫であることは、自然にかなっている。だが、もしきみが人間を人間として考え、なにか全体の部分として考えるならば、その全体のために病気をしたり、航海をして危険を冒したり、窮乏したり、また時あっては寿命前に死んだりすることもきみにはふさわしいわけだ。そうすると、なんできみは怒っているのか。かくては前者がもう足でないように、きみはもう人間でなくなるということがわからないのか。いったい人間とはなになのか。それは国家の一部分である、第一に神々と人々とからなる宇宙国家の、つぎには宇宙国家の小さい模倣で、いわゆるわしどももっとも近い関係にある国家の部分である。④

「それでは私は、いま、裁《さば》かれねばならないのですか」

そうするといま、ある者は熱病にかからねばならないのか、そして他の者は航海し、他の者は死に、他の者は有罪を宣告されねばならないのか。というのは、このような肉体、この環境、これらのいっしょに生きている人々のなかにいて、ちがった人々に、ちがったことが起こらぬということは、できないからだ。するときみの仕事は、きみがやってきて、いうべきことはいい、それらのことをふさわしいように処理することである。するとその裁判官が、「わしはそのほうを不正をしていると判決する」という。「きみはそれでいい。わしはわしのことをやったのだ、だが、きみもきみのことをやったかどうかは、自分で見るがいい」。なぜかというに、裁判官にも危険があるからだ、忘れぬがいい。

(1) 学者によっていろいろに読まれている。オールドファーザー、スーイエおよびカップスの読み方によれば、「きみは投げ上げるな」である。

(2) 守護神あるいは神霊。ソクラテスはプラトン『ソクラテスの弁明』のなかで、自分はいいダイモンを持っていることを告白し、そこから神の存在を主張している。ちょうど騾馬の存在を信ずる者が驢馬の存在を前提としているように。

(3) プラトン『ソクラテスの弁明』27c、d。しかし自由に引用している。

(4) ストア派にはキリスト教の人類愛に近似した思想があった。その基礎になるのが、コスモポリタニズムであり、各人を個々のポリスを超えた宇宙国家の市民とみなした。

四　哲学のはじめはなにか（二・一一）

一　哲学のはじめは、少なくとも踏むべき道を踏み、通るべき門を通ってそれにとりかかろうとする人々においては、必要なものにかんする自分の弱さと、無力さとを、自覚するということである。直角三角形とか、四分の一音とか、半音とかの観念は、本来わしらはなにひとつ持たずにやってきているのであって、むしろなにか技術的な仕込みで、わしらはそれらのそれぞれを教わっているのだ、そしてそのゆえにそれらを知らない人たちは、知っているとは思っていない。だが善悪、美醜、似つかわしい似つかわしくない、幸不幸[1]、ふさわしいふさわしくない、また為《な》すべきことと為すべからざることについては、だれが、生得観念を持たないで生まれてきたであろうか。だから、すべてわしらはそれらのことばを用い、そしてそれらの先取観念[2]を、個々の事物に適用しようとしているのだ。

五　「彼はりっぱにやった」、「彼はやるべきようにやった」、「彼はやるべきようにやらなかった」、「彼は不幸であった」、「彼は幸福であった」、「彼は不正である」、「彼は正しい」。わしらのなかのだれが、これらのことばを遠慮するだろうか。わしらのなかのだれが、ちょうど線や音についてその無知者がそうするように、学ぶまでこれらのことばの使用を延期するだろうか。この原因は、ひとがこの領域のことを、すでに、自然によって、いわば教わってから、この世にやってきたということである。そしてそこがきっかけとなって、わしらはその上にうぬぼれを取ってつけるのだ。

「ゼウスに誓って、[3]私は本来美醜を知らないのでしょうか。その観念を私は持っていないのでしょうか」とある者がいう。

きみは持っているよ。

個々のばあいに、私は適用していないのでしょうか。

きみは適用している。

そうすると私は、うまく適用していないのでしょうか。

うんそうだ。ここにすべて問題があるわけで、またここにうぬぼれも生ずるわけだ。というのは、これらの同意されたものから出発しながら、合わない適用をして、疑問になっているものに進むからだ。けだしもし彼らが、先取観念に加うるに、正しい適用もしているとしたならば、彼らが完全であるのを、なにが妨げるだろうか。

10　ところが現に、きみはその先取観念を個々の事物に、ぴったり合うように適用していると思っているんだから、どうかいってくれたまえ、きみはどこからしてそうなのか。

私にそう思われるからです。

ところがある人にはそうは思われない、しかも当人もりっぱに適用していると思っているのだ。それとも彼はそう思っていないか。

思っています。

そうすると、きみたち両人の意見が矛盾しているような事柄について、きみたちは先取観念をぴったり合うように適用することができるか。

できません。

それでは、それを適用するのに、きみに思われるということよりも、もっと善《よ》い、もっと高等ななにかをわしらに示すことができるか。また狂人は、彼にけっこうだと思われること以外のなにかをするか。そうすると、彼のばあいでも、その基準で十分なのか。

十分でありません。

それでは思われるということよりも、もっと高等なものへ行くがいい。④

それはなんですか。

哲学のはじめを見るがいい。それは人間相互における矛盾に感づくことであり、矛盾の出てくる根源の探求であり、たんに思われるということを非難し、それを信じないことであり、また思われるということについて、それが正しいかどうかのなにか研究であり、またたとえば、重量のばあいに秤《はかり》を発見し、曲直のばあいに定規を発見するように、なにか基準を発見することだ。

それが哲学のはじめですか。すべて、みんなに思われているものが、正しいのですか。

いや、矛盾しているものが、どうして正しくあることができるか。したがって、すべてが正しいのではない。

すべてではなくて、[5]私たちに思われるものが正しいのですか。

五 なぜわしらに思われるものが、シリア人たちに思われるもの以上に正しいのか、なぜそれがエジプト人たちに思われるもの以上に、なぜそれがわしに思われるもの、もしくはだれそれに思われるもの以上に正しいのか。

なにも、より以上に正しくはありません。

そうすると、それぞれの者に思われるということは、そうあるということを決めるのに十分ではないわけだ。つまりわしらは重さのばあいでも、長さのばあいでも、たんなる見かけには満足できないで、いずれのばあいにもなにか基準を発見したのである。そうするといまのばあいは、思われるということよりももっと高等な基準は、なにもないのだろうか。しかし人間社会でもっとも必要なものが、不明で発見されないということが、どうしてありうるだろうか。

それで基準があるのです。

するとどうしてわしらは、それを探求し、発見しないのか。また発見したならば、それからあとは永遠に、それなしには指一本伸ばすことのないように用いないのか。なぜなら、その基準は、わしの思うに、それが発見された以上、ただ思われるということだけで万物をはかっている人々を、狂気から離脱させるものだからだ。したがってわしらは、その後は、なにか周知の、そしてよく分別されたものから出発して、明らかに秩序づけられた先取観念を、個々のばあいに使用することになるからである。

わしらの探求の本当の対象となっているものはなにか。

快楽です。

二〇　ではそれを基準に当ててみるがいい、秤にかけてみるがいい。善というのは信用し、信頼する値打ちのあるようなものでなければならないか。

ええ、そうでなければなりません。

そうすると、なにか不安定なものは、信用する値打ちがあるか。

ありません。

すると快楽は、まさか安定したものではあるまいね。

そうでありません。

それではそれを取りあげて、秤から外に投げるがいい、そして善の領域から遠く追っ払うがいい。だがもしきみに目の鋭さがなく、一つの秤で十分でないならば、他のものを持ってくるがいい。善のばあいには、得意になるのは正しいか。

ええ。

それでは快楽がそこにあるばあい、得意になるのは正しいか。見たまえ、君は正しいといわぬじゃないか。もしそうでなければ、わしはもうきみを秤にかける値打ちある者とは思わぬだろう。秤の基準ができれば、事物はこのように判定され、秤《はか》られるのだ。そして哲学するということは、もろもろの基準を考察して、それを確立することであるが、その認識されたものを使用することは、善美な賢者の仕事なのだ。

(1) シェンクルの欄外の原典批判による補いによって読んだ。

(2) 先取観念は、ストア派のなかでも、ひとによって、後天的とも生得的とも取れる。われわれが経験によって後得的に得たばあいは、予想とかあらかじめ持っている観念ということになるが、それにたいして生得的なばあいには、生まれながらにして持っている観念である。エピクテトスのいまのばあいは、この文章の前後から知られるように生得的である。彼はそれを「自然的」ともいっている。

③ スーイエは、「なぜ私は……」と読んでいる。
④ 命令に読んだ。そしてつぎの文は疑問に。
⑤ このへんの句読は諸家によって異なる。

五　不安について（二・一三）

一　不安がっている人を見ると、わしはいうのだ、この人はいったいなにを欲しているのだろうか、もし彼がなにか自分の権内にないものを欲しているのでないならば、さらにどうして不安なのだろうかと。だから竪琴《たてごと》をひいてうたう人も自分ひとりでうたうときは、なるほど不安ではないけれども、舞台にあがると、たとえ彼は非常に声がよく、竪琴がうまいとしても、不安になるのだ。なぜかというに、彼はただうまくうたいたいばかりでなく、拍手喝采《かっさい》もされたいからである、だが、これはもはや彼の権内にはないのだ。要するに、彼にその知識のあるところでは、彼は自信があるわけである。だれでもきみの好きな素人《しろうと》を聞き手として連れてくるがいい、竪琴をひいてうたう人はその人には振り向かないだろう。だが、彼の知ってもいないし、また勉強したこともないところでは、不安なのだ。だが、それはどういうことか。彼は群集のなにであるか、群集の賞賛なるもののなにであるかを知らないのだ。いや彼は、いちばん低い調子やいちばん高い調子を出すことはもとより学んだけれども、大衆の賞賛のなにであるか、そしてそれが人生においてどんな意味を持つかは知りもしないし、また、それを勉強したこともないのだ。

五　けっきょく、震えたり、青くなったりせざるをえないわけである。そこで、ひとがこわがっているのを見るとき、わしはもとよりその人を竪琴をひいてうたう人でないということはできないけれども、なにか他のことならいうことができる、それも一つだけでなく多くのことをいうことができる。なによりもまず、わしは彼をよその人と呼び、そしていう、「この人は地球のどこにいるかも知らない、いや、そんなに長く住んでいながら、この都市の法律も慣習も、なにが許され、なにが許されていないかも知らないのだ」と。いや、彼は法律にかんしたことを、自分に語ったり、説明したりしてくれる法律にあかるい人に、相談したこともないのだ。しかし彼は、どう書くべきか知らなかったり、知っている人に相談しないでは、遺言状も書かなければ、また、でたらめに証書に印を押したり、保証書を書いたりもしないけれども、法律にあかるい人なしに欲望もすれば、忌避も、意欲も、計画も、もくろみもするのだ。この法律的なことなしにとは、どういうことか。それは彼が与えられていないものを欲したり、避けられない必然的なものを避けようとしたりしていることも知らないし、また、自分のものと他人のものとの区別も知らないということだ。だがもし知っていたならば、断じてじゃまされることも、断じて妨害されることもなかったろうし、また不安にもならなかったろう。

むろんです。

ところでひとは、悪でないものを恐れるか。

恐れません。

ではどうだね、悪については、しかも自分に起こらぬように自分の左右しうる悪については。

一〇　けっして恐れません。

そうすると、一方、意志外のものが善いものでも悪いものでもなく、他方、意志的なものがすべてわしどもの権内にあって、ひとがそれらのものをわしどもから奪うことも、またそれらのうちわしどもの欲しないものを持ってくることもできないならば、どこになお不安の余地があるだろうか。いや、わしどもは、ちっぽけな肉体や、ちょっぴりの財産、また皇帝にどう思われるかなどということについては、不安をいだいているけれども、内部のことについては、なにも不安をいだいていないのだ。偽を受け入れない、ということについては、不安はあるまいね。

ありません。私の思うままになりますから。

自然に逆らって意欲するということについても、不安はあるまいね。

それについてもありません。

そこできみはだれかが青くなっているのを見るとき、ちょうど医者が顔色を見て、「この人は脾臓《ひぞう》を病んでいる、この人は肝臓をわずらっている」というように、きみもまた、「この人は欲望や忌避を病んでいる、彼は調子がよくない、彼は熱がある」などというがいい。というのは、他になにも顔色を変えさせたり、戦慄《せんりつ》させたり、歯をがたがたいわせたりするものはなく、膝《ひざ》を震わせ両脚《あし》をついて大地にうずくまり[1]などさせるものはないからだ。

　だからゼノンは、アンティゴノス[2]とこれから会おうとしたとき、不安をいだかなかった。というのは、ゼノンが驚嘆しているもののなににについても、アンティゴノスは権力を持っていなかったし、またアンティゴノスが権力を持っているものについては、ゼノンは振り向かなかったから

五 である。しかしアンティゴノスがこれからゼノンに会おうとしたときは、不安をいだいていた、そしてそれはもっともなことである。なぜなら、彼はゼノンの気に入ろうとしていたからだ、だがそれは外部にあるものであった。しかしゼノンは彼の気に入ろうとはしていなかった。というのは、他のどんな技術家でも、その技術に心得のない者の気に入ろうとはしないからだ。

　わしはきみの気に入りたがっているだろうか。なんのためにか。いったいきみは、ひとがひとを判定する尺度を知っているか。なにがすぐれた人であり、なにが劣った人であるか、そしてそれぞれはいかにして生ずるか、ということをきみは知ろうと心がけたことがあるか。そうすると、なぜきみ自身はすぐれた人でないのか。

どうして私はすぐれた人でありませんか、と彼がいう。

どうしてって、すぐれた人はだれも悲しみも、嘆きもしないし、だれも訴えも、だれも青くも、震えも、また「どうすれば私を受け入れてくれるだろうか。どうすれば私のいうことを聞いてくれるだろうか」などといいもしないからだ。ねえきみ、自分にいいと思われるとおりにするまでだ。そうすると他人のものについては、なにがきみの気になるか。いまきみにもとづくことを悪く受け取るということは、彼の過失ではないか。

むろんです。

ある人が過失を犯して、他の人が悪いということはありうるか。

ありえません。

それではなぜきみは、他人のものについて不安をいだいているのか。

ええ、しかし私は、彼にどのように話したものか、と不安をいだいているのです。

えっ、きみの好きなように、彼に話すことが、いったい許されていないのか。

でも拒まれはすまいか、と恐れているのです。

二〇 これからディオンの名まえを書こうとするとき、きみは拒まれはすまいか、とまさか恐れはしないだろうね。

けっして。

その原因はなにか。書く勉強ができているからではないのか。

むろん、そうです。

ではどうだ。これから読もうとするときも、同じようなわけじゃないか。

同じわけです。

その原因はなにか。それはすべて技術では、その強味も自信も、その扱っているものをよく勉強しているかどうかにあるのだ。そうすると、きみは話すことは勉強ができていなかったわけか。

またきみは学校で他のなにを勉強していたのか。

推論や意味の不定な前提による推論（＝転換論）をです。

なんの目的で？　問答がうまくなるようにではないか。だがうまくということはタイムリーに、安全に、わかりやすく、さらにまたつまずかずに、じゃまされないで、そしてそれらすべてに加うるに、確信をもってということではないか。

ええ、そうです。

そうすると、きみは騎手として野原に行ったとき、きみは歩行者にたいして不安だろうか、つまり、きみは練習ができているが、彼が練習できていないその領域で、きみは不安だろうか。

ええ、とにかく彼は私を殺す権力を持っているのです。

それでは本当のことをいうがいい、かわいそうに、そして大きいことをいったり、哲人であると言い張ったりせぬがいい、またきみの主人を知らぬことのないようにしたまえ、いやきみが肉体にもとづく把手《とって》を持っているかぎり、すべてきみよりも強い者に従うがいい。だがソクラテスは話す勉強ができていた、だから彼は僭主たちにたいしても、裁判官たちにたいしても、また牢《ろう》獄《ごく》においても、あのように問答したのである。ディオゲネスは話す勉強ができていた、だからアレクサンドロスにたいしても、ピリッポスにたいしても、海賊にたいしても、また彼自身を買った人にたいしても、あのように話して……③（原文欠損）……だがそれらのことは、勉強のできあがった、それら自信ある人たちにまかせよう。だが、きみはきみ自身の仕事におもむくがいい、そしてけっしてそれから去るな。すみっこに行ってすわりたまえ、そして推論をやりたまえ、そして他人へ提示するがいい、

汝《なんじ》は国を治むる人ならず④

と。

① ホメロス『イリアス』第十三巻第二八一行。
② アンティゴノス・ゴナタスはアレクサンドロス大王のすぐれた将軍で、大王の死後プリュギアの王となり、のちにシリアやギリシアを領した人である。ゼノンに好意を持ち、聴講もした。彼はゼノンをマケドニア人の先生として招いたが、ゼノンは老齢のゆえをもって辞退し、友人をすすめた。
③ ディオゲネスがアイギナに航海しているとき、海賊に捕えられて、奴隷に売られた。売り物に出

されたとき、なにが得意かと問われて、「ひとを支配することだ」と答え、「自分の主人を買う人はないか」と触れさせた。彼は買い手に、「わしは奴隷でも、おまえはわしに従わねばならぬ」といった。「流れが泉に逆流する」という主人に、「おまえは病気して医者を呼んだとき、彼に従わないで、『流れが泉に逆流する』というか」といった。

④ このことばの作者は不明。

六　心像にたいして、いかに戦うべきか（二・一八）

一　すべての習性と能力とは、それに対応する活動によって、維持され、また増進される。たとえば歩行のそれは、歩行することにより、疾走のそれは、疾走することによって、維持され、また増進される。もしきみがすぐれた朗読家になりたいならば、朗読するがいい、いい作家になりたいならば、書くがいい。だが三十日間ずっと朗読しないで、なにか他のことをやるとき、きみはどういうことになるかわかるだろう。そのようにして、もしきみが十日間寝ていて、それから起きて、長距離の道を歩行してみたまえ、そうすれば、いかにきみの足が弱くなったかがわかるだろう。そこでだ、一般に、もしきみがなにかをしようとするならば、常習的にするがいい。もしあることをなすまいとするならば、それをなさないで、そのかわりにむしろなにか他のことをやるように慣れるがいい。

五　精神的なもののばあいでも、そのとおりだ。きみが怒るとき、その悪事がきみに起こっただけでなくて、むしろきみはその習性を増進させ、あたかも火に薪《まき》を投げ入れたようなものだということを知るがいい。もしきみがある人との情欲に負けたときは、それをただいちどの敗北とは考えないで、むしろきみの無気力を育成し、増進したのだということを考えるがいい。というのは、習性と能力とが、それに対応した活動によって、以前になかったのに生ずるとか、あるいは高められたり、強くされたりすることがないということは、不可能だからである。

かくて、たしかに、魂の病も成長していくのだ、と哲学者たちがいっている。というのは、もしきみがいちど金銭にたいする欲を起こしたとき、もし悪いことだと意識させるように、理性が適用されたならば、その欲望はとまって、わしらの指導能力は、最初のところにおさまる。けれども、もしきみがなんら治療の手段を講じなかったならば、もはやその同じところへはもどらないで、むしろふたたび対応した心像によって刺激され、以前よりもっと速やかに、欲望を焚《た》きつけることになるからである。そしてこれが連続的に起こるならば、けっきょく硬化して、その魂の病は、貪欲《どんよく》を固定してしまうことになるのだ。

一〇　というのは、熱病にかかって、つぎにそれから治《なお》った人は、全快したのでないならば、熱病にかかるまえと、同じ状態ではないからだ。なにかこのようなことは、魂の病気のばあいにも生起する。すなわちなにか痕跡《こんせき》や条痕が魂に残っていて、そしてそれがきれいに治らないのに、また同じところが打たれるならば、もはや条痕ではなく、傷にすることとなる。ところでもしきみが、怒りっぽくないようにありたいならば、きみの習性を育成せぬがいい、それを増進させるものはなにもそこに置かぬがいい。まず静かにしていたまえ、そしてきみが怒らなかった日を数えてみるがいい。「私は毎日怒るのが常であった。いまは一日おきとなり、つぎには二日おきとなり、つぎには三日おきとなった」。だが、もし三十日間事なきをえたならば、神に犠牲を捧《ささ》げるがいい。というのは、最初に習性が弱められ、つぎにまったく滅ぼされるからだ。「きょう私は悲しみませんでした。あすも悲しまないでしょう。つづいて二ヵ月も三ヵ月も、とにかくなにか刺激するものが起こると、私は用心しました」

きみは、りっぱになっていることを知るがいい。

一五　きょうわしが、美しい女①を見たとき、わしは自分に「この女と寝ることができたら」とか、「彼女の夫は幸福だ」とはいわなかった。というのは、そのようなことをいう者は、「その女の姦《かん》夫《ぷ》も幸福だ」ということになるからだ。わしはそのつぎのこと、つまり彼女がそこにいて、着物を脱いだり、そばに寝たりすることを心に描かなかった。わしはわしの頭のてっぺんを撫《な》でていう、よくぞでかした、エピクテトスよ、きみはみごとな詭弁《きべん》を解決した、キュリエウオーン②よりずっとみごとなものを解決した。だがもしその女が気持があって、ウィンクしたり、使者をよこしたりしても、またわしにさわって、寄りそうてきても、わしが抑制して打ち克《か》つならば、それこそすでに「虚言者」③以上、「沈黙者」④以上の詭弁を解決したのである。この点において得意になってもいい、がそれは、キュリエウオーンを問題にした点においてではない。

それでは、これはいかにして起こるか。ひとつきみ自身に気に入るようにするがいい、また神に美しく見えるようにするがいい。きみはきみ自身の純粋なものと純一になり、神と純一になる
二〇 ようにするがいい。かくて「きみになにかそのような心像がやってきたときは」、とプラトンはいっているが、「お祓《はら》いの祈禱《きとう》におもむくがいい、不幸をはらう神々の殿堂に、守護を嘆願する者としておもむくがいい」。またもしきみが、知徳兼備のりっぱな人たちとつき合いをして、彼らを自分と比較吟味するならば、その人は生きている人であっても、死んでいる人であってもけっこう事足りるわけだ。ソクラテスのところへ行くがいい、そして彼がアルキビアデス⑤の側に横たわって、彼の青春の美しさをひやかしているのを見るがいい。彼は彼自身に打ち克ったために、どのような勝利を得たと自覚していたか、彼はどのようなオリンピックの勝利を得たのか、ヘラクレスから何番目の勝利者となったのかを考えてみたまえ。それはひとが、神々に誓って、「おめでとう、すばらしいね」と彼に挨拶するのが正当なほどだ。というのは、彼はこれらやくざな拳闘家や、全力闘技者や、それらと似た剣客などに打ち克ったのではないからだ。これらのものを対抗させるならば、きみはその心像に打ち克つことだろう、それらに引っぱられることはないだろう。だがまずその激しさにさらわれるな、むしろ、「心像よ、ちょっと待ってくれたま

え。おまえはなになのか、なについての心像なのか見させてくれたまえ、きみを調べさせてくれたまえ」というがいい。

二五　それから、そのつぎのことを心に描いて、それに導かせることはしないがいい。もしそうでなければ、心像はきみをつかまえて好きなところへおもむくだろう。とにかく、なにか他の美しく気高いほうの心像をそのかわりに取り入れて、そしてこの汚れた心像を投げ出すがいい。そしてもしきみがそのようにして訓練に慣れるならば、きみはどのような肩、どのような腱《けん》、どのような緊張を持つようになるかわかるだろう。だがいまはただ屁理屈《へりくつ》しか持たず、それ以上はなにひとつ持たないのだ。

このような心像にたいして、自分自身を鍛える者こそ、本当の修行者なのだ。じっとしていたまえ、かわいそうに、心像にさらわれぬがいい。この戦いは偉大であり、この業《わざ》は神々しいのだ、王国のために、自由のために、幸福のために、平静のために。神を記憶しておくがいい、神を助力者、援助者として呼ぶがいい、ちょうど嵐《あらし》のとき、航海する人たちがディオスコロイ⑥を呼ぶように。というのは、どのような嵐が、理性を無《な》みする強い心像から起こる嵐よりも、もっと大きいだろうか。いったいこの嵐こそ、心像でなくてなんであろうか。というのは、死の恐怖を取り

三〇　去るがいい、そしてきみの好きなだけの雷鳴と、電光とを持ってくるがいい、そうすれば、指導能力のなかに、どれほど大きな凪《なぎ》と晴天とがあるかがわかるだろうから。だが、もしきみが

いちど負けたとき、このつぎ勝つだろうというならば、その後もまた同じことだ。いいかね、かくておそらくきみは不幸な貧弱な状態に陥り、したがってのちには、きみがまちがっていることを知らないで、このことについて弁解をし始めるだろう。そしてそのときにはヘシオドスのことば、

つねに仕事を延ばす者、禍《わざわ》いごとと戦わん

が本当であることを確かめることになるだろう。

(1) このまえの「美しい男あるいは」を省いて読んだ。
(2) キュリエウオーンは、この時代に流行した論理的難問である。「権威ある詭弁」とか、「不抜の論」などと訳されている。
(3) 原語はプセウドメノス。やはり詭弁の一種である。ひとが「私は嘘をいっている」というばあい、その人は本当のことをいっているのか、嘘をいっているのか。もし彼が本当のことをいっていれば、嘘をいっているわけであるし、また嘘をいっていれば、本当のことをいっているわけである。この詭弁はエウクリデスの弟子エウブリデスによって発見されたといわれる。キケロ『アカデミカ前書』第二章第九十五節を参照。
(4) 原語ヘシュカゾーン。これは、二粒は累積をなすかどうかと問い、つぎに三粒は累積をなすかどうか、四粒はどうかと、どこまでも問う。この連鎖法にたいしては、沈黙するほかないとするクリュシッポスの絶望的解決が「沈黙者」なのである。もし二つが僅少なら三つもそう、三つが僅少

なら四つもそうであると、どこまでもすすむ。同じく沈黙するほかはない。
(5) アテナイの名門の出身で、美貌で知られた。ソクラテスの弟子の一人で、師との親交については
プラトン『饗宴』に詳しく描かれている。
(6) ディオスコロイは航海する人を守る神。

七　エピクロス学派とアカデメイア学派にたいして（二・二〇）

一　真にして明らかなものは、それに反対する人たちでさえ、どうしても用いないわけにはいかないものだ。そしておそらく、あることが明らかであるということの最大の証明は、その反対者でさえ、どうしてもそれを用いないわけにはいかないということを発見することだ、とすることができる。たとえば、もしひとがなにか普遍的真理があるということに反対するならば、その人は、明らかに反対の反対、つまり普遍的真理があるという断定をして、「普遍的な真理はなにもない」というのでなければならない。

きみ、これは本当でない。なぜならこれは、いってみれば、もしなにか普遍的なものがあるならば、それは嘘《うそ》だというのとどこがちがうか。また、だれかがやってきて、「なにも知られない、むしろすべては不確かだということを知るがいい」といったり、あるいはまた他の人が、「私を信用してくれたまえ、そうすればきみは益を得るだろう。なにごともひとを信用してはならな

い」といったり、あるいはまた他の者が、「私から学びたまえ、ねえきみ、なにも学ぶことはできないということを。私はきみにそういう、そしてもしきみが好むならば、きみに教えてあげよう」というならば、これらの人たちと、——いったいだれをあげようかしらん——アカデメイア学派と自称している人々とは、どの点でちがうだろうか。アカデメイア学派は、「諸君、だれも承認しないということを承認してくれたまえ。また、だれもがだれをも信じないということを、どうか信じてくれたまえ」というのである。

五　かくてエピクロスも、人間相互間の自然的な社会性を否定しようとするとき、否定されるちょうどそのものを使用しているのだ。いったい彼はなんといっているか。「欺かれるな、諸君、だまされるな、迷うな、理性的な者たち相互のあいだには、自然的な社会性はないのだ。私を信用したまえ。他のことをいう人たちは、おまえたちを欺くのであり、勘ちがいしているのだ」

ところでエピクロス先生、それはあなたになんのかかわりがあるのですか。私たちが欺かれるのを、ほうっておいてもらいましょう。私たち相互のあいだには、自然的な社会性があり、私たちはそれをあらゆる仕方で維持せねばならぬということを、あなた以外の者がみな説得されるならば、まさかあなたは都合が悪いのじゃないでしょうね。いやあなたははるかに都合よく、そして安全でしょう。あなた、なんであなたは私たちのために心配をするのですか、なぜ私たちのた

めに夜更《よふ》かしをするのですか、なぜ燈《ひ》をともすのですか、なぜ早く起きるのですか、なぜそのよ
うにたくさんの書物を書くのですか。私たちのなかのだれかが、神々について、神々が人々を世
10 話しているというまちがった考えをいだかないようになのですか、それとも善の本質を快楽
以外のものと思わないようにですか。もしそのとおりならば、身も投げ出して眠るがいいでしょ
う、そしてあなた自身ふさわしいと判断した蛆虫《うじむし》の生活をするがいいでしょう。食ったり、飲ん
だり、交接したり、排泄《はいせつ》したり、いびきをかいたりするがいいでしょう。

これらのことにかんして他の人々がどのように考えようが、つまり健全に考えようが、不健全に考えようが、あなたにはなんのかかわりがありますか。いったいあなたと私たちとはなんのかかわりがあるのですか。羊どもがあなたにかかわりがあるのは、彼らが私たちに身をまかせて毛を刈られたり、乳を搾《しぼ》られたり、あげくは殺されたりするからですか。もし人々がストア学徒から魅惑されて居眠ったり、また、あなたやあなたと同じような人たちにまかせて、毛を刈られ、乳を搾られたりしようとするならば、それは望ましいことではありませんか。いったいあなたはそれらを兄弟分であるエピクロス学派にいうべきではなかったのですか、また、それらを彼らにたいして秘すべきではなく、とくになによりもまず、彼らにたいして本性上私たちは社会的にできているということを、また、すべてがあなたのため有利に維持されるためには、自制が善であるということを、説得すべきではなかったのですか。それともある人たちにたいしては、この社

会性を守るべきであるが、ある人たちにたいしてはそうでないのですか。それならば、だれにたいして守るべきなのですか。お返しとして守ってくれる人たちにたいしてなのですか、あるいはそれを蹂躙《じゅうりん》している人たちにたいしてなのですか。しかもそれらを提唱しているあなたがた以上に、だれがそれを蹂躙しているでしょうか。

一五　それではエピクロスを眠りから呼びさまして、彼らが書いたものを書くように強《し》いていたものは、なんであったのか。それは人間のなかでなによりも強いもの、すなわち、いやがろうと溜《た》息《め》をつこうと自分の思うところへ引っぱっていく本来の自然性でなくて、いったいなになのか。本来の自然性はいうのだ。「おまえはこの非社会性をいいと考えているのだから、それを書いてそして他の人々に残すがいい、そしてそのために夜更かしをするがいい、そして自身その実際の仕事によって、おまえ自身の教説の告訴人となるがいい①」と。

オレステス②は、復讐《ふくしゅう》の女神たちに追い立てられて、眠りからさまされた、とわしどもはいっているけれども、この点では、復讐と懲罰との女神たちは、もっとものすごいではないか。彼らはエピクロスを眠りからさまして、休息させず、むしろ自分の悪事を公言するように強要したのだ、ちょうどキュベレ③の司祭たちを、狂気や酒がそうしたように。そのように本来の人間性というものは、なにか強い、打ち克《か》ちがたいものなのだ。というのは、どのようにして葡萄《ぶどう》を葡萄でなく、むしろオリーブであるように、あるいは逆にオリーブがオリーブでなく葡萄であるようにすることができるか。それは不可能であり、考えられないことだ。そういうわけで、人間は人間的性情を根絶することはできないし、また去勢された者でも男性としての自然的な欲望を切り取

三〇 ることはできないのである。かくてエピクロスも、夫としての義務や、家主、市民、友人としてのいっさいの義務を切り取りはしたが、人間的な自然的欲望を切り取ることはできなかったのだ。なぜなら、それはできなかったからで、それは軽薄なアカデメイア学派の者たちが、すべてのうちでとりわけ一所懸命になったにかかわらず、自分たちの感覚を捨てることも、盲目にすることもできないようなものである。

おお、なんと不幸なんだろう。自然から、真理認識のための尺度と基準とをもらっていながら、それに足らないところを付加して、そして完成するすべも講じないで、正反対に、もし真理認識の能力があれば、それを取り去って滅ぼそうとするなんて。

哲学者先生、[4] あなたはなにをいっているんですか。信心と敬虔《けいけん》とは、あなたにはどんなものだと思われますか。

「お望みなら、善《よ》いものだということを証明してやろう」

うん、証明してもらいましょう、私たちの市民が改宗して、神的なものを崇《あが》め、もっともたいせつなことにかんしても軽率であることを止めるように。

「それでは証明されたか[5]」

されました、ありがとうございました。

「それでは、それらのことがおまえにたいへん気に入っているんだから、その反対のことも聞いてもらおう。神々は存在しない。たとえ存在するとしても、人間のことは世話もしないし、またわしらと彼らとのあいだにはなんの交渉もないのだ、そして大衆のところでおしゃべりされているこの信心や敬虔は、法螺《ほら》吹きどもやソフィストたちの、もしくはゼウスに誓って、不正をする者をおどしたり、おさえたりするための立法者たちの作りごとなのだ」

うまい、哲学者先生、あなたは私たちの市民たちを益し、すでに神的なものを軽蔑《けいべつ》するように傾きかけていた青年たちを持ちなおしたわけですな。[6]

二五 「それではどうだね、それらのことはきみに気に入らないかね。こんどは、正義はいかにナンセンスか、また、つつしみはいかにばかげたものであるか、父であるとか息子であるとかいうことはいかに意味のないことかを聞くがいい」

うまいな、哲学者、それを守って、そしてあなたと同じ気持で、同じことを話す者をもっとたくさん獲得するように、青年たちに説得することですな。私たちのよく治まっている国々は、これらの理屈から大きくなったのであるし、またスパルタは、これらの理屈によって生まれたわけですな。またリュクルゴス[7]は、彼らのなかに、自分の法律や教育によって、これらの確信を植えつけたのですな、奴隷であることが恥辱でないのは、りっぱでないのと同様であるし、また自由であることがりっぱでないのは、恥辱でないのと同様であるということを。またテルモピレ⑧で死んだ人々は、これらの教説によって死に、また、アテナイ人がその都市を見捨てたのは⑨、他のどのような言論によってですかな。それからこれらのことを主張する者は、結婚したり、子どもをつくったり、国事に携わったり、自身、神官や予言者となったりする。ところでなにものの神官や予言者となるのですかな。存在しない神々のですわい。そして彼ら自身嘘を聞いたり、他の人々に神託を解釈したりするために、巫女《みこ》にお伺いを立てるのですな。なんちゅうすばらしい恥知らずで、いんちきなのでしょう。

きみ⑩、きみはなにをしているのか。きみは自分できみ自身を毎日論駁《ろんばく》しているのだ。きみはこのつまらない企てをやめるつもりはないか。きみは食事をしているとき、手をどこへ持っていくか。口へか、それとも目へか。また沐浴《もくよく》するとき、きみはどこへはいるか。いつきみは壺《つぼ》を皿といい、スプーンを焼ぐしといったか。もしわしがこれらアカデメイア学派のだれかの奴隷であったとするならば、わしが毎日彼に鞭《むち》打たれねばならないとしても、わしは彼を悩ませたことだろう。「おい、風呂に少し油を入れろ」。わしは辛《から》い魚のソースを入れたことだろう、そして立ち去るとき、彼の頭にこぼすだろう。

「なんだこれは」

「私には見たところ油と区別がつきませんでした、あなたの運命に誓って申しますが、油とそっくりでした[11]」

三 「ここにオートミルを持ってこい」

わしは手塩皿を、酢《す》のはいった魚のソースでみたして、彼に持っていったことだろう。

「わしはオートミルを求めたんじゃなかったか」

「そうです、旦那《だんな》、これがオートミルなんです」

「こりゃ酢のはいった魚のソースじゃないか」

「どういたしまして、オートミルでございます」

「取って匂《にお》いを嗅《か》げ、取って味わってみろ」

「すると旦那はどこから知りますか、感覚が私たちを欺くとしますと」


もしわしが、同じ考えの奴隷仲間三、四人を持っていたら、わしは主人の癇癪玉《かんしゃくだま》を破裂させて、首をくくって死なせるか、あるいは考えを変えさせたことだろう。だが事実は、彼らは自然から与えられたすべてのものを使用していながら、ことばではそれらを否定して、わしどもを茶化しているのである。

感謝深い、つつしみのある人々であるわい、もし彼らが天下泰平に、毎日パンを食いながら、「私たちは、デメテル[12]や、コレやプルウトンが存在するかどうか知らない」なんてずうずうしくいうなら。わしがそういうのは、彼らが昼夜を楽しみ、四季の移り変わり、星、海、地、また人間社会の共同の活動を楽しみながら、それらのなにものにもいささかも心を動かされないからではなく、ただ無責任な問題をしゃべったり、消化のいいように胃の運動をしてから、沐浴に行こうとするからなのだ。だが彼らは、彼らがなにを話し、なにについて、もしくはだれにたいして話しているのか、そしてこれらの言論から、彼らにどういうことが起こるか、それらのことはちっとも考えたことがない。いい生まれの青年は、これらの言論を聞いたとき、それらによってなにか影響を受けはすまいか、そして受けたときに、すべて高貴な萌芽《ほうが》を失いはすまいか、また
三五 姦夫には、恥知らずの行為をする動機を与えはすまいか、また公《おおやけ》のものを私《わたくし》した者は、これらの言論によって口実を得はすまいか、自分の両親を顧みない者は、これらの言論によって元気づけられはすまいかということを、彼らは考えたことがないのだ。

そこで、きみに従えば、なにが善または悪、美または醜なのか。こういうことか、それともああいうことか。そうすると、どういうことになるかね。さらにだれかが、このことについてひとと争うだろうか、あるいは説明するだろうか、あるいはそれを受け取るだろうか、あるいは得心させようとするだろうか。ゼウスに誓っていうが、これらのことに聴覚障害となり、視覚障害となった者どもを改心させるよりも、道楽者どもを改心させるほうがはるかに望みがある。

①　エピクロスの行為は、彼自身の教説と矛盾していることになる。その皮肉であろう。
②　オレステスというのは、アガメムノンとその妻クリュタイムネストラとのあいだの息子である。父アガメムノンが、クリュタイムネストラとその情夫アイギュストスに殺されたので、オレステスは成人してから、その復讐をして、クリュタイムネストラとアイギュストスとを殺した。しかし彼は復讐の女神たちに悩まされて、アルゴスにのがれた。
③　キュベレはプリュギアの、自然力・生産力の女神で、あとではデメテルと結びついている。キュベレの司祭たちは、酒で狂乱し、みずから自分を障害者にしたといわれる。プリュギアは、エピクテトスの生まれた土地である。
④　ディアトリベー様式の対話で述べられている。
⑤　信心と敬虔とは善いものだという証明であるが、その内容については述べられていない。しかしとにかく証明をしたわけで、それで証明されたか、つまり納得できたかというわけである。
⑥　皮肉をいっているわけである。
⑦　リュクルゴスは、スパルタの著名な立法家である。
⑧　テッサリアからロクリスに通ずる狭い道。ペルシア王クセルクセスに抗して、スパルタ王レオニダスと三百人のスパルタ人が戦死したので有名。
⑨　アテナイ人はペルシア人に抗争を続けるために、いままでに二度、その都市を撤退した。
⑩　ここからアカデメイア学派へ移る。
⑪　区別がつかないとしてストアに反対したのは、アカデメイア学派のアルケシラオスとカルネアデスである。

⑫ デメテルはクロノスとレアとのあいだの娘であって、穀物や農業の女神である。コレはデメテルの娘。プルウトンはクロノスとレアとのあいだの息子で冥府の王である。

八　語る能力について（二一・二三）

一　よりはっきりした文字で書かれた書物は、だれでも、より気持よく、また、よりたやすく、読むことができる。そういうわけで、もし言論も、それが口調よく、同時に適切なことばで言い表わされたばあいには、ひとはだれでもよりたやすく、聴取できるだろう。したがって、なにも表現能力が存在しないなどといってはならない。というのは、これは、信仰のない、同時に卑怯《ひきょう》な人のいうことだからだ。信仰がないというのは、神からの恩恵を軽視するからであって、ちょうどそれはひとが視力、もしくは聴力、もしくは言語そのものの有用性を無視するようなものだ。

ところで神は、きみにあてずっぽうに目を与えたのだろうか、遠方に達して対象の心像を形づくるような、そういう強力にして巧妙な霊①を、神はそれら目にたいして、あてずっぽうに混合したのだろうか。しかもどんな使者が、このように迅速で注意深いだろうか。また中間の空気にしても、神はあてずっぽうに、そんなに活動的に、そして弾力あるようにつくったので、視力は、そのひろがっている空気を通過できるのだろうか。また神はあてずっぽうに、光をつくったのだろうか、それがなければ他のいかなるものも役に立たないような光を。

五　ねえきみ、無感謝であってはならない、またよりすぐれたものを忘れてもならない。いや、見ることと聞くことにたいし、また、ゼウスに誓って、生きることとそのことにたいし、また生きることに協力してくれるもの（＝動物）にたいし、乾果物にたいし、酒にたいし、油にたいして、神に感謝するがいい。

だが神はきみに、それらすべてよりももっとすぐれたある他のもの、すなわちそれらを使用するもの、吟味するもの、それぞれの価値を考えるものを与えてくださったのだ、ということを覚えておくがいい。というのは、それらの能力のそれぞれについて、それらのあるものがどれほど価値あるものであるかを公言するものは、なになのか。まさかそれぞれの能力自身ではあるまいね。きみは視力が自分自身についてなにか語っているのを聞いたことも、聴力がそうするのを聞いたこともあるまいね。いやそれらは、召使いや奴隷として、心像を使用する能力に仕えるように、秩序づけられているのだ。

もしきみが、それぞれはどれほど価値があるかたずねるならば、きみはだれにたずねるか。だれがきみに答えるか。そうすると、その他の奴隷的なものを使用したり、自身それぞれを吟味したり、そして公言したりするこの能力よりも、どうしてなにか他の能力が、もっとすぐれていることができるだろうか。いったいそれらのなにが、自分がなにであるか、そしてどれほどの価値があるかを知っているか。それらのなにが、いつ自分を使用すべきであるか、そしていつそうすべきでないかを知っているか。目を開《あ》いたり、閉じたり、そらすべきものから目をそらしたり、他へ向けたりするものはなになのか。視力か。そうではない、むしろ意志能力なのだ。

10　耳をふさいだり、あけたりする能力はなにか。聴力か。好奇心をいだかせ、探求的にし、またことばによって動じないようにする能力はなにか。聴力か。意志能力以外のものではない。それからもしこの意志能力が、すべて他の視覚や聴覚という能力、つまり意志能力に仕え下働きするように秩序づけられて、その任務以外のなにも見ることのできない諸能力のなかにあって、それだけが鋭く見、他のものや自分に、それぞれどれだけの価値があるかを知るのだということがわかったならば、意志能力はわしどもに、自分以外のあるものが、もっともすぐれているなどと公言するだろうか。

また開いている目は、見る以外のなにをするのか、人妻を見るべきかどうかとか、どんなふうにかということは、なにが話すのか。それは意志能力がである。また、語られたものを信用すべきか、信用すべきでないか、また、信用するときに、心を動かされるべきかどうかということは、なにが語るか。意志能力がではないか。

この語ったり、ことばを飾ったりする能力は、もしなにか独特の能力であるとしたら、なにかについて話が起こったとき、あたかも理髪師が髪を美しく整えるように、ことばを美しく整える

一五　こと以外になにをするのか。だが、話すほうがいいか、黙るほうがいいか、こう話すほうがいいか、ああ話すほうがいいか、これが適当か適当でないか、そしてそれぞれの時機や用途は、意志能力以外のなにが話すのか。そうするときみは、意志能力を登場させて、それ自身を非難させたいのか。

だれかがいう。「すると、どういうことになりますか。もし事情がそのとおりだとしたら、仕えるものが仕えられるものよりもよりすぐれている、ということができますか。馬が騎手よりも、犬が猟師よりも、楽器が弾《ひ》き手よりも、あるいは臣どもが王さまよりもよりすぐれている、ということができますか[2]」

使用するものはなにか。それは意志である。なにがすべてを世話するのか。意志がである。なにが人間を、あるいは飢えさせて、あるいは首をくくらせて、あるいは墜落させてまる殺しにするのか。それは意志だ。そうするとそれよりもなにが、人間のなかでもっと強くあるのか。またどうして妨げられるものが、妨げられないものよりもより強くあることができるか。本来視力を妨げるようにできているものはなにか。意志と意志外のものだ。聴力においても同じであるし、また言語能力においても同様だ。しかし本来意志を妨げるのはなになのか。それは意志外のなにものでもなく、意志がよじれたとき、自分が自分をそうするのだ。だから意志だけが悪徳となり、それだけが徳となるのである。

三〇　ところで意志はこれほど偉大な能力で、他のいっさいの上に位するのだから、意志をわしどものところへこさせて、「肉は存在するもののなかでいちばんすぐれたものだ」といわせてみよう。もし肉自身が自分をいちばんすぐれているといったとしたら、ひとはそれがしんぼうできないだろう。だが現にエピクロスよ、それを公言するものはなにですか。「目的」について書いたもの、「自然学」や「基準」[3]について書いたものはなにですか。そのひげ[4]をはえさせたものですか。死ぬとき、「最後の、そして同時に幸福な日を送りながら」[5]と書いたものですか。肉ですか、それとも意志ですか。それからまたそれよりなにかもっとすぐれたものがあると同意なさるのですか。あなたは正気を失ってはいませんか。そんなにあなたは真理にたいして目を閉じて、耳を塞ぐのですか。

　ところでどうだね。ひとは他の諸能力を軽蔑《けいべつ》するだろうか。そんなことはない。意志能力はべつとして、ひとは言語能力はなにも役に立たぬとか、長所がないというだろうか。けっしていわない。そんなことをいうのは無考えであり、無信仰であり、神にたいして無感謝だ。しかしひとは、それぞれにたいして、価値づけをする。というのは、驢馬《ろば》にもある用途はあるが、しかし牛にあるほどではないし、また犬にも用途はあるが、召使いにあるほど大きくはなく、召使いにも用途はあるが、市民たちにあるほど大きくはなく、市民たちにも用途はあるが、支配者たちにあるほど大きくはないからだ。

二五　だがしかし、他のものがよりすぐれているからといって、それとちがったものが供する用途を、軽蔑してはならない。言語能力にもある価値はあるが、意志能力にあるほどではない。それでわしがこれらのことをいうとき、わしがきみたちに言語能力を軽んずるように要求しているのだなどと思ってはならない。というのは、わしは、目や、耳や、手や、足や、着物や、靴《くつ》についても軽んじさせようなどとは思っていないからである。しかし、もしわしに、「それでは存在するもののうちで、なにがいちばんすぐれているか」とたずねるならば、わしはなんというだろうか。言語能力というだろうか。それはできない。むしろ正しいばあいの意志能力だというだろう。なぜなら、意志能力は、その言語能力を使用し、またその他大小いっさいの能力を使用するものだからであって、これが正しくされるならば、ひとは善《よ》くなるし、正しさを失えば、ひとは悪くなるからである。それによってわしどもは、不仕合せになったり、仕合せになったり、非難し合ったり、また満足したりするのだ。簡単にいうと、それを忘却すれば不幸となるし、それに注意すれば幸福となるのだ。

三〇　しかし言語の能力を否定し、実際それをなにものでもないということは、これを授けてくれたものにたいして、無感謝な者のなすことであるばかりでなく、なおまた卑怯者《ひきようもの》のなすことだ。というのは、このような人は、もしこの種のなにか能力があるとしたならば、わしどもはそれを軽蔑することはできないのではないかと恐れているように思われるからだ。美は醜にたいして、なんら差別がないという人々も、こういう手合いなのである。そうすると彼らは、テルシテス[6]を見ても、アキレウスを見ても、同じように感じたのだろうか。ヘレネ[7]を見ても、行きあたりしだいの女を見ても、同じだったのだろうか。これらもまたばかばかしい乱暴な考えで、しかもそれぞれの本性を知らない人々、いやもしそのちがいに気づくならば、すぐ奪われたり、負けたりして、行ってしまわれはすまいかと恐れている人々の考えなのだ。しかしたいせつなことは、それぞれにそれ固有の能力があることを認めること、そして認めたらその能力の値打ちを見てやること、それから存在するもののなかでもっともすぐれたものを知っておいて、なにごとにおいてもそれを追っかけ、それに一所懸命になり、他のものをこのものに比較しては、第二義的なものと

三五 するが、しかしそれらのものをできるだけ軽んじないということである。というのは、わしどもは目にも注意せねばならないけれども、それはもっともすぐれたものとしてではなく、むしろもっともすぐれたもののために、それら目にも注意せねばならないからだ。なぜなら、もしこのもっともすぐれたものが目を理性的に使用し、あるものよりも他のものを選ぶのでなければ、それはそれ以外の仕方では自然にかなわないだろうからだ。

それでは出来事はどういうことなのか。それはちょうどひとが自分の郷里へ帰るとき、途中きれいなホテルを見つけて、そのホテルが自分の気に入ったものだから、そのホテルにとどまるようなものである。ねえきみ、きみはきみの目的を忘れたのだ、きみはここに旅をしてきたのでは

なくて、ここを通過するのだ。

「しかしこれはすてきだ」

だが、他にどれほど多くのすてきなホテルがあり、どれほど多くのすてきな牧場があることだろうか。しかしそれは、たんに通過するものとしてあるのだ。きみの当面の目的は、郷里に帰り、身内の者を安心させ、自身市民の義務を履行し、結婚し、子どもをつくり、ふつうの公職につくことである。というのは、きみはわしどもにとっていっそうすてきな場所を選ぶために、この世にやってきたのではなく、きみの生まれた、そして市民となるように定められたその場所で、生きるためにやってきたのだからだ。いまのばあいでも、起こることはなにかそのようなことである。

四〇 ひとはことばやこのような教訓によって、完成の域に達し、自分の意志を純粋にし、心像の使用能力を正しくすべきだ。またその教訓は必然、ある理屈やある性質の話し方によらざるをえないし、また理屈も多種多様で、ぴりっとくるものを伴わざるをえない。それで、ある人たちはそれらによって捕えられ、そこにとどまるのだ。つまりある人は話し方により、ある人は推論により、ある人は意味の不定な前提による推論により、ある人はなにか他のこのようなホテルによってとどまり、あたかもセイレン⑧のところにとどまるようにとどまって朽ち果てるのである。
ねえきみ、きみの当面の目的は、きみにやってくる心像を、自然にかなった用い方をするように準備することだ。欲望においては得そこねず、回避においては避けそこねず、けっして不仕合せでも不運でもなく、自由で妨げられず、強制されず、神の秩序に合致し、それに従い、それを喜び、なんぴとをも非難したり、軽蔑したりしないで、全心から、

われを導きたまえ、おお、ゼウスと、汝《なんじ》、定めの女神よ[9]

というこれらの詩句をとなえることができるように準備することであった。そうするときみは、この当面の目的を持ちながら、ちょっとした話し方がきみの気に入ったり、なにか理屈が気に入ったりすると、これにとどまって、そして家庭のことは忘れて、そこに住もうとして選び、「これはすてきだ」というのか。いったいそれがすてきでないとだれがいうか。しかしそれは、ホテルのごとく、通過するものとしてのことだ。デモステネス[10]のように雄弁であっても、なお不幸であるということを、いったいなにが妨げるか。クリュシッポス[11]のごとく、推論を解きながら、なお惨《みじ》めで、悲しく、嫉妬《しっと》深く、総じて不安で不幸であるということをなにが妨げるか。なにひとつ妨げるものはない。

四五 それできみはわかっただろうが、これらはなんの値打ちもないホテルであったわけで、きみの当面の目的は、別のものであったのだ。それらのことをわしが、ある人たちにいうと、彼らは、わしが話すことについての注意、もしくは理屈についての注意を放棄するのだ、と思う。だがわしはそれらを捨てるのではなくて、ただ、たえずそれにへばりついて、そこに自分たちの希望を

置くことだけを放棄するのだ。もしだれかがこのようなことを述べて、聴講者を害するのであれば、わしをもその加害者のひとりとするがいい。だがわしは、あるものがもっともすぐれた、もっとも貴《とうと》いものであるのを見ながら、きみたちを喜ばすために、他のものをそれだ、などということはできないのである。

①　原語プネウマは、ここでは感覚を形づくる霊である。ストア哲学では、プネウマは、根本的存在、つまりそこからいっさいが生じ、いっさいがそこへ帰するものとしての気息とか火気といったものである。霊もそういう火気である。

②　ここの数行を、ブレイエはエピクテトスのことばとしている。あとで書き足したことばらしい。

③　これらはディオゲネス・ラエルティオス『哲学者列伝』の「エピクロス」のところにあるように、エピクロスの著書の名である。『目的』は倫理的なもの、『自然学』は三十七巻あったということである。『基準』は知識の基準についてである。

④　犬儒派やストア派では、その信奉者はひげをはやすのが慣例であった。

⑤　このことばは、エピクロスが臨終のとき、彼の友イドメネウスに書いた手紙のなかの句を、記憶から引用したもの。ディオゲネス・ラエルティオス『哲学者列伝』第十巻第十章第二十二節。

⑥　テルシテスは、トロイアに行ったギリシア人のなかで、いちばん醜い男で、仲間を嘲笑するのが好きだった。そのことでアキレウスになぐり殺された。

⑦　アガメムノンの弟でラケダイモニアの王であるメネラオスの后。非常な美人であった。この宮廷

ヘイリオンつまりトロイアのアレクサンドロス（アレクサンドロス大王ではない。パリスともいう）が客に来て歓待され、ヘレネを奪って去る。これが原因でトロイア戦争が起こった。
⑧ セイレンは海のニンフで、その歌に魅せられる者は、自分の仕事を忘れ、飢えて死んだ。オデュッセウスはその仲間の耳に蠟をつめ、みずからの身は帆柱に縛って難を免れた。ホメロス『オデュッセイア』第十二巻第五十行ころ〜二〇〇行ころ。
⑨ クレアンテスのゼウス賛歌からの引用。エピクテトス『要録』五十三章を参照。
⑩ デモステネス（前三八四—三二二年）はギリシア十大弁論家の一人。当時ギリシアの各ポリスに干渉と圧迫を加えていたマケドニア王ピリッポス（アレクサンドロス大王の父）に対して、ギリシアの自由を擁護すべく一連の弾劾演説をおこなった。
⑪ クリュシッポスは初期ストア学派の第三祖で、ストア派哲学を体系化したことで知られる。多作家であったが、今日には断片のみ残っている。

九　どうして論理は必要であるか（二・二五）

一　出席している者のなかのある者が、論理が有用であるということを私に納得させてください、といったとき、彼はいった。
「きみはわしにそれを証明してもらいたいのか」

はい、そうです。

「そうするとわしは、論証的な議論をせねばならないというわけだね」

相手が同意すると彼はいった。

「それでは、もしきみをわしが詭弁《きべん》でだましているならば、きみはそれをどこから知るだろうか」

その人が沈黙すると彼はいった。

「ほら、論理が必要であることはきみ自身認めているんだ。もしそれらを離れては、必要であるか、必要でないかというまさにそのことさえも、わかることができないからね」

十　過失に固有のものはなにか（二・二六）

一　すべて過失は矛盾を含んでいる。なぜなら、過失を犯している人が、過失を犯したがっているのでなく、正しくありたがっているのであるからには、明らかに彼は、彼が欲していることをしていないことになるわけだ。いったい盗賊はなにをしたがっているのか。自分に有益なことをである。そうすると、もし盗むことが自分に不利益であるならば、彼はその欲していることをしないということになるわけだ。ところがすべて理性的な魂は本性上矛盾をきらうものである。だが、矛盾しているということがわからないかぎりは、矛盾したことをするのになにも妨げるものはない。しかしもしそれがわかれば、その矛盾から離れてのがれるということは、まったく必然で、それはちょうど虚偽であることに気づいた者が、つらくとも、どうしてもその虚偽を拒絶せざるをえないようなものである。だが彼がそう考えぬかぎり、彼は真理としてそれをみとめているわけだ。かくて各人に過失のもとである矛盾を示し、どうすれば自分の欲することをしなかったり、自分の欲しないことをしたりするようになるかを明らかにすることのできる人は、議論において巧者であり、またその同じ人は、激励的でも、論駁的《ろんばくてき》でもあるわけである。というのは、

五　ひとがこれを示すならば、その人は自分で過失から思いとどまるだろうから。だがきみが示さないかぎりは、その人がそこにとどまっていても変に思ってはならない。というのは、彼は正しいと考えてそれをしているのだから。だからソクラテスも、この能力を信頼して、こういっていた、「わしはわしのいうことについては、だれも他人を証人に立てないのが常で、問答をしている相手でいつも満足する。そしてその人に投票させて、証人とするのである。そしてその人はただひとりでも、すべての人たちの代わりとしてわしは満足するのだ」と。というのは、彼は、理性的な魂はなにによって動かされるかということ、つまりそれは秤《はかり》においてのように〈重いものが入れられたとき〉、欲しようと欲すまいと、〈重いもののほうへ〉傾くということを知っていたからである。①理性的な指導能力に矛盾を示すがいい、そうすれば、それを離れるだろう。だが、もしきみがそれを示さなければ、きみ自身は従わぬ者を非難するよりも、むしろきみ自身を非難

するがいい。

① この箇所はこわれているらしく、種々のことばが補われている。

第三巻

一　おしゃれについて（三・一）

一　ある若い修辞学者が髪を非常に念入りになでつけ、その他、着物を美しく着飾って、エピクテトスのところへはいってきたとき、彼はいった。

どうかいってくれたまえ、ある犬や馬は美しい、ある犬や馬は醜い、そして他の動物のそれぞれもそのとおりである、ときみには思われないかどうか。

「思われます」とその男がいった。

そうすると、人間もある者は美しく、ある者は醜いではないか。

もちろんです。

それではどっちかね、わしどもはこれらのそれぞれを同じ種族の同じ点で美しいというのか、それともそれぞれ特殊な点で美しいというのか。こういったらわかるかな。わしどもの見るところでは、本来、犬はある目的のためにできており、馬は別の目的のために、またなんなら、夜鳴鳥はもっとちがった目的のためにできているのだから、一般にそれぞれのものが、もっともよく自分の本性にかなっているそのときこそ、美しいのだと公言しても変ではないだろう。それぞれのものの本性がちがっているかぎり、それらのものの美もそれぞれちがっているように思われる。それともそうじゃないか。

彼は同意した。

そうすると、もし彼らの本性がちがっているのであるならば、犬を美しくするものは馬を醜くし、馬を美しくするものは犬を醜くするのではないか。

そうかもしれません。

五　そしてそのわけは、わしの思うに、全力闘技者[1]を美しくするものは、レスラーを優良にするものではないし、また走者を非常におかしくさえするからだ。また五種競技で美しいその同じ人は、レスリングではみっともないのか。

「ええ、そのとおりです」と彼はいった。

それではなにが、人間を美しくするのか、犬や馬をもそれぞれの種族において美しくするものがなのか。

そうです。

それではなにが、犬を美しくするのか。

犬の徳[2]がそこにあるということがです。

馬のばあいはなにが？

馬の徳がそこにあるということがです。

それでは人間のばあいはなにが？　といえば、人間の徳がそこにあるということがではないか。

かくて、きみももし美しくありたいのならば、ねえきみは若いんだ、人間の徳に骨折るがいい。

人間の徳ってなにですか。

ほら、きみ自身は、だれを褒《ほ》めるかね、感情にとらわれないでひとを褒めるときは。正しい人たちをか、それとも不正な人たちをか、どちらか。

正しい人たちをです。

節度ある人たちと放縦な人たちとでは、どちらを？

節度ある人たちをです。

自制力のある人たちとない人たちとでは？

自制力のある人たちをです。

では、きみがきみ自身をなにかこのような者とするならば、いいかね、きみはきみ自身を美しくすることになるだろう。だが、きみがこれらのことをおろそかにしているかぎりは、たとえきみが美しく見えるようにあらゆる手段を尽くしても、きみはみっともないのが当たり前だよ。

10　これ以上わしはもうきみにどういったらいいかわからない。というのは、もしわしが考えていることを遠慮なくいうならば、きみの感情を害することとなり、たぶんきみは出ていって帰ってこないだろうから。また、もしわしがいわないならば、わしがどんなことをするようになるか考えてみたまえ。もしきみがわしのところへ益を得るためにやってきたのであれば、わしはなにもきみを益していないことになるだろうし、またきみがわしを哲学者と見なしてやってきたのであるならば、わしはきみに哲学者としてはなにも話していないことになるだろう。また、きみを矯正《きょうせい》しないで見のがすことは、きみにたいしてなんと無慈悲なことだろう。もしきみがいつか後日になって分別がつくならば、きみはもっともなことだが、わしを非難して、

「エピクテトスは私のなかになにを見たのだろうか、私がそのようなみっともない格好で彼のところへ行ったのを見ていながら、見のがしておいて私に一言もいわないなんて。そんなふうにして彼は私を見かぎっていたのだろうか。私は若かったではないか。私は道理を聞こうとしていたではないか。また、他のどれほど多くの若者が、その若気のいたりで、多くのそのような過失を犯しているだろうか。私はかつてポレモン[3]という男が、放縦な青年からがらりと変わったという

ことを聞いたことがある。彼が私をポレモンのような者になるだろうと思わないのなら、思わないでもさしつかえない。彼は私の頭髪をまっすぐにしたり、私から装身具を取り去ったりすることができただろうし、また、私に毛を抜くのを止めさせたりすることができただろう。しかし彼**一五**は、たとえ私が――私はなんといったらいいか――こういう格好をしているのを見ても黙っていた」

ということだろう。これがなんぴとのする格好なのかわしはいわない。だが、きみ自身がそれをいうだろう、きみが本来の自分に帰ったときに。そしてそれがどんなふうなもので、なんぴとがそれをやるのかもわかることだろう。

もしきみが他日このことをわしに訴えるならば、わしはなんといって弁明することができようか。そうだ、しかしわしがいっても彼は従わないだろう。いったいライオスはアポロン[4]に従ったか。彼は行ってしまったり、酔っぱらったりして、神託におさらばをしたではないか。すると、どういうことになるか。このためにアポロンは彼に本当のことをいわなかったのか。とにかくわしならば、きみがわしに従うか従わないか知らないけれども、アポロンはライオスが従わないだろうということを非常に正確に知っていた、にもかかわらず彼はいったのだ。

なぜ彼はいったのですか。

なぜ彼はアポロンなのか。なぜ彼は予言するのか。なぜ彼は自分自身を、予言者であるとか、真理の源泉であるとか、人々が彼を目がけて全国からやってくるとかいうような、そういう位置に置いたのか。またなぜ彼は、だれも理解しないにもかかわらず、「汝《なんじ》みずからを知れ⑤」と神殿の入口に書いたのか。

ソクラテスは彼のところへやってくるすべての者にたいして、彼ら自身のことを注意するように説得しただろうか。千分の一もしなかった。しかしそれにもかかわらず、彼みずからがいうように、「ダイモンのしるしでその位置に配置された以上」、彼はもはやそれを捨てなかった。だが、

二〇　彼は裁判官にたいしてなんといっているか。彼は、「もしあなたがたが、いま私のしているこれらのことを、もはやしないようにとの条件で私を放免するとしても、それは私のしんぼうできないことでしょうし、また私はやめもしないでしょう。むしろ私は、若者であろうと年寄りであろうと、つまり、いつも行き当たる人のところへ行って、私がいま尋ねている事柄を尋ねるでしょう。とくにあなたがた市民に尋ねるでしょう、というのは、あなたがたは種族上私により近いからです⑥」といっているのだ。

ソクラテスよ、あなたはそんなに物好きで、しかも差し出がましいのですか。私たちがなにをするかということが、あなたになんのかかわりがあるのですか。

「きみはなんということをいうのか。きみはわしの仲間であり、親類であるのに、きみ自身のことは心しないで、都市には悪い市民を、そして親類には悪い親類を、そして隣人には悪い隣人を

与えているのだ」

「あなたは、それではなにものなのですか」

ここで、「わしは人間を心にかけざるをえないような種類の人間なのだ」ということはだいじなことである。というのは、ライオンにたいしてふつうの牛は抵抗しようとしないからだ。だがもし牡牛《おうし》がやってきて、対抗するならば、それにたいして、なんなら「おまえはなにものか」、そして「おまえはなにを心にかけているのか」というがいい。ねえきみ、すべての種族において、本来なにかすぐれたものはいるものだ、牛においても、犬や蜂《はち》や馬においてもそうだ。とにかくすぐれたものにたいして、「それではおまえはなにものか」などといわぬがいい、そうでないと、彼はどこかから声を出して、きみに、「わしは着物における紫色⑦のようなものだ。わしを他のものどもと同様には思わぬがいい、あるいは、わしを他のものたちよりもすぐれたものとしているわしの本性を非難せぬがいい」というだろう。

それでは、どうだね。わしはそのようなものか。どこからしてそうなのか。いったいきみは真理を聞くことのできるような者なのか。そうあってほしいものだ。だがしかし、わしが、まあ、白髪《しらが》のひげをはやし、マントを着ているように宣告されており、きみもわしを哲学者と見なしてやってきているからには、わしもきみをつれなく扱ったり、見かぎったように遇したりしないで、こういうだろう。若者よ、きみはだれを美しくしたいのか。まずきみがなにものであるかを知る

三五　がいい、それからそのようにしてきみ自身を飾るがいい。きみは人間だ。つまり心像を理性的に使用する可死的動物だ。だが、理性的に、とはどういうことか。自然本性に合致する、しかも完全に合致するということだ。それでは、きみの持っているすぐれたものというのはなになのか。動物的なものか。そうではない。可死的なものか。そうではない。心像を使用するものか。そうでもない。理性的なものこそ、きみの持っているすぐれたものである。これを飾り、美しくするがいい。だが、髪はこれをつくった者にまかせて、彼の好きなとおりにさせるがいい。さあ、きみは他にどんな名目を持っているか。きみは男か、それとも女か。

男です。

それでは男を飾るがいい、女をではない。女は本性上すべすべして柔らかくできている。そしてもし彼女が毛がたくさんあれば、怪物で、その他の怪物どもといっしょにローマで見世物にされる。だが怪物は、男のばあいには毛がないということである。もし男が生まれつき毛を持っていないならば、彼は怪物であるけれども、自分で剃《そ》ったり、むしり取ったりするのであれば、わしどもは彼をなんとしたものだろうか。どこで彼を見世物に出そうか、そしてなんと口上をいおうか。「皆さまがたにごらんにいれますのは、ひとりの男でございます、男よりも女になりたがっている男でございます」。おお、ものすごい見世物だ。だれもこの口上を変に思う者はないだろう。ゼウスに誓っていうが、思うに毛をむしり取る人たちこそ、彼のしていることがまさにこのとおりだということを知らないでそれをしているのだ。

三〇　ねえきみ、きみはきみの本性にたいして、なにか苦情があるか。きみが男に生まれたことが？　するとどういうことになるかね。みんなが女に生まれるべきだったというのか。それでは、きみのおめかしはなんの役に立っていたのか。みんなが女であったら、きみはだれのためにおめかしをしていたのか。しかしその男であることが、きみの気に入らないのか。それならば徹頭徹尾そうするがいい。その――なんといったらいいか――毛の原因であるものを取ってしまうがいい。そして徹底してきみ自身を女とするがよかろう。そうすればわしどもがまちがうこともないし、きみが半分男で半分女だということもなくなるだろう。きみはだれの気に入りたいのか。女の子たちのか。それなら男として彼女らの気に入るがいい。

「はい、しかし彼女らはすべすべした者が好きです」

首をくって死んでしまえ。彼女らが男めかけを喜べば、おまえは男めかけとなるのか。それがおまえの役目か、おまえは放縦な女たちに好かれるために、生まれてきたのか。おまえのようなやつを、わしどもはコリントスの市民にするだろうか、それともまかりまちがって、巡査とか、青年監督官とか、将軍とか、あるいは試合の審判官にすることがあるだろうか。

三五　さあ、きみは結婚したとき、毛をむしり取ろうとするか。だれのために、そして、なんのためにそれから、きみが子どもをもうけたとき、その毛をむしり取って、わしどもの市民のなかに入れるだろうか。さぞりっぱな市民であり、元老であり、演説家であることだろうな。このような青年が生まれ、そして、育てられるように、わしどもは祈らねばならないのか。そうではあるまい、神々に誓って、ねえきみ、とにかくいちどこれらのことばを聞いて立ち去ったならば、きみ自身にこういうがいい、「それらのことは、私にエピクテトスがいったのではない。というのは、どこからして彼はそれができただろうか。いや、なにか恵み深い神が彼をとおしていったのだ。[8]なぜなら、習わしとしてだれにたいしてもいわないエピクテトスが、これらのことをいったはずはないだろうから。さあそれでは、神の怒りをこうむらないために神に従おうじゃないか」と。いやむしろ、もし烏《からす》が鳴いてきみになにかを知らせているならば、知らせているものは烏ではなくて、烏をとおして神がなのだ。だが、もし人間の声をとおして彼がなにかを知らせているのであるならば、人間をしてきみにそれらのことをいわせているのではないだろうか。そしてそれはきみに神的な力を認識させ、ある人々にはこのように、他の人々にはかのように知らせ、また、もっともたいせつなもっとも肝要なことについては、もっともすぐれた使者をとおして知らせることをわからせるためではないだろうか。詩人が、

われらは彼をいましめき
目ざときアルゴスの殺人者ヘルメスをつかわして、
な殺しそ、かの人を、なまぐわいそ、かの妻と。[9]

といっていることはほかのなんだろうか。そのヘルメスが降りてきて、いまにも、彼[10]にそのことをいおうとしていたのだ。そしていまきみにも神々は、これらのこと、すなわち、神々の使者アルゴスの殺人者なるヘルメスを送って、りっぱなことをもじったりひねくりまわしたりしないで、男を男、女を女とし、美徳の人を美徳の人、恥ずべき人を恥ずべき人とするようにいっているのだ。

四〇　なぜなら、きみは肉や髪の毛ではなく、意志だからだ。もしきみが意志を美しく持つならば、きみは美しいだろう。だがいままでわしは、きみをみっともないとあえてきみにいわなかった。というのは、わしには、きみはすべてこれより他のことを聞きたがっているように思えたからである。しかし、ほら、ソクラテスは、すべてのなかでいちばん美しい、いちばん男ざかりのアルキビアデスにたいして、なんといっているか。「それでは美しくあるように努力したまえ」。ソクラテスは彼にどういうことをいっているのか。「きみの髪の毛をなでつけ、きみの脚《あし》から毛をむしり取れ」ということか。けっしてそうではない。むしろ、「きみの意志を飾れ、くだらぬ考えを取り去れ」ということだ。

それでは、小さい肉体《からだ》をどうしましょうか。

本来あるようにするがいい。それらについては神がお心にかけてくださったのだ。神におまかせするがいい。

それでは、どういうことになりますか、不潔でいるべきでしょうか。

そんなことはない。むしろきみがあるように、しかも本来あるように、それをきれいにしたまえ。男は男としてきれいでなければならないし、また女は女、子どもは子どもとしてきれいでなければならない。ところがきみはそうでなくて、むしろ不潔でないように、ライオンからは鬣《たてがみ》を、そして鶏からは鶏冠《とさか》をむしり取ろうではないか、それもまたきれいであるべきだから、というんだね。しかし鶏は鶏として、またライオンはライオンとして、また猟犬は猟犬としてきれいでなくてはならないのだ。

(1) 全力闘技とは、拳闘や相撲の結びついた闘技で、相手に勝つためにどんな方法をもってしてもいい、むしろ野獣的なものである。これにたいしてつぎの五種競技というのは、ジャンプ、ランニング、円盤投げ、相撲、槍投げの五種の競技である。ともにオリンピックでおこなわれた競技の名である。

(2) 徳（アレテー）はそのものの卓越性を示す言葉。犬の徳とは犬が持つ優れた性質を指しているが、犬の徳、馬の徳はソクラテスがその問答において好んで用いた表現である。

(3) ディオゲネス・ラエルティオス『哲学者列伝』第四巻第十六節によると、このポレモンという人はフィロストラトスの息子で、前三一四年から前二七六年までアカデメイアの学頭であった人である。が、青年のころは放縦であり、そしてそのゆえに有名であった。彼はあるとき泥酔し、頭に花冠をかぶったままクセノクラテスの学校にはいりこんだ。クセノクラテスは少しも動ぜず、節度について話を続けた。ポレモンは非常に感激して花冠を捨て、それから彼の弟子となり、のちアカデメイアの学頭となった。

(4) アポロンの神は、ライオスにたいして子どもを産むな、産んでもこれを殺せという神託をくだした。しかしライオスは、それに従わないで産んでしまった。その子どもがあとで父を殺し、母と結婚するオイディプス王なのである。この物語は、ソポクレスによって『オイディプス王』というすぐれた悲劇作品に仕上げられた。

(5) 第一巻五章注(3)を参照。

(6) プラトン『ソクラテスの弁明』29c、eと30aを自由に言い換えたものである。

(7) 紫色は、ローマでは礼式用服に使われる貴重な色。

(8) このへんは、「これいうものは汝らにあらず、そのなかにありて言いたもう汝らの父の霊なり」(『マタイ伝』第十章第二十節)という聖書のことばが頭にあってのものではないかと考えられ、キリスト教との関係を調べるばあいの資料となる。

(9) ホメロス『オデュッセイア』第一巻第三十七〜三十九行。

(10) 彼とはアルゴス王アイギュストス、引用詩中の、かの人とはアガメムノン、かの妻とはアガメムノンの妻クリュタイムネストラのことである。ギリシア軍の総大将アガメムノンがトロイアへ遠征している間に、クリュタイムネストラはアイギュストスと通じ、夫が帰国したところをアイギュストスと共謀して殺害した。

二　雑集(三・一四)

一　へたな悲劇役者たちが、ひとりでうたうことができないで、たくさんの人といっしょにうたうように、ある人たちはひとり歩きができない。ねえきみ、もしきみがひとかどの者なら、ひとり歩きをし、きみ自身と語るがいい、そしてコーラスのなかへ隠れぬがいい。きみがどんな人であるかわかるように、ひとつ嘲笑《ちょうしょう》されたり、見まわされたり、ゆさぶられたりしてみるがいい。

ひとが水を飲む[1]か、あるいはなにか訓練をしているとき、彼はあらゆる機会に、だれにでも、

五　「私は水を飲んでいる」と吹聴《ふいちょう》する。きみは水を飲むために水を飲むのか。きみよ、水を飲むことがもしきみに有益ならば、飲むがいい。もしそうでなければ、きみはおかしなことをすることになるだろう。もし益あってきみが飲むのならば、水飲む人々をいやがっている人たちにたいしては黙っているがいい。なに？　きみはこれらの人たちにこそ気に入りたいのか。

行動のうち、あるものはすぐれているからなされ、あるものは事情に応じ、またあるものは秩序の関係上、あるものはいんぎんから、またあるものは世の習いでなされる。

人間から、これら二つのもの、自信過剰と自信欠如とが取り去られねばならない。ところで自

信過剰というのは、これ以上なにも必要がないと思いこむことであり、自信欠如というのは、これほどの逆境にあっては、ゆとりを持つということは不可能だと思うことである。ところで、自信過剰は論駁《ろんばく》してこれを取り去ることができる、そしてソクラテスは論駁の第一人者であった。

10 ゆとりを持つことの、不可能でないことを考察し、探究するがいい。探究そのものはなんらきみを害するものではない。そして哲学するということは、だいたいにおいて、どうすれば妨げられずに欲したり、避けたりすることができるかということを探究することだ。

「私はあなたよりもすぐれている。というのは、私の父は知事であるから」。他の者はいう、「私は護民官である、だがあなたはそうでない」と。もしわしどもが馬であったとしたならば、きみは「私の父はもっと速かった」とか、「私はたくさんの大麦や乾草を持っている」とか、あるいは、「私はきれいな首飾りを持っている」といっていただろうか。もしきみがかくいうとき、「それはそのとおりだとしておいて、ひとつ走ってみようではないか」とわしがいったらどうだね。さあそれでは、人間のばあいには、馬の競走のばあいにおいてのような優劣を判別するものがなにもないのか。つつしみや誠実や正義がそれではないか。きみが人間として、よりすぐれたものであるために、きみ自身をこれらのものにおいて、よりすぐれた者として示すがいい。もしきみがわしに、「私は蹴る[2]のがうまい」というならば、わしもまたきみに、「あなたは驢馬《ろば》のやることで得意になっているのだ」といおう。

(1) ディオゲネス・ラエルティオス『哲学者列伝』によると、犬儒派やストア派の哲学者たちは、よく水を飲んでいる。これは禁酒で、酒のかわりに水を飲むというのであるが、そのほか、なにかごちそうがほしいときに水を飲む一種の修行法であったらしい。

(2) 蹴り方もいろいろあるらしいが、蹴ることのだいじなスポーツがある。いちど蹴ったら病みつきになるといわれるような。

三　注意して交際せねばならぬということ（三・一六）

一　話をするとか、宴会をするとか、あるいは一般的にいって、いっしょに生活をする目的で、だれか人々とたびたび同席する人は、必然自分が彼らに似るか、あるいは、彼らを自分の流儀に変えることとならざるをえない。というのは、消えた炭でも、もし燃えている炭のそばに置けば、自分がそれを消すか、あるいは、それがこっちを燃やすことになるだろうから。かくて危険は非常に大きいのだから、ふつうの人とそのような交際をすることは、用心してなされねばならない。そして煤《すす》けた人と親しく交際する者は、自分も煤けて黒くならざるをえないということを記憶しておかなくてはならない。もしひとが剣闘士について話すならば、また馬について、競技について、さらにそれらよりも一段悪くなって、人々について話をし、「だれそれは悪い、だれそれは善《よ》い、それは善かった、これは悪かった」というならば、きみはどうするか。さらに嘲笑したり、笑いものにしたり、悪意を加えたりしたらどうだ。竪琴《たてごと》を弾《ひ》く人が、竪琴を取って弦に触《さわ》るとすぐ、合っていないものを識別して楽器を調節するが、ちょうどそういう心構えをきみたちのなかのだれが持っているだろうか。ソクラテスが持っていて、すべての交際において、仲間の者たち
五 を自分のほうへひきつけたようなそういう力を、きみたちのなかのだれが持っているだろうか。きみたちはその力をどこから得たのか。いや、きみたちは、ふつうの人々から引きまわされざるをえないのだ。

それでは、なぜ彼らはきみたちよりも強いのか。それは、彼らが、それらくだらぬことでも自分の信念としてしゃべるが、きみたちは、りっぱなことでも口先だけでしゃべるからである。だからそれには張りがなくて、死んでおり、そしてきみたちのお談義やここかしこで口にされているような哀れな道徳説を聞いた者は、ばかにしているのだ。かくてふつうの人たちがきみたちに打ち克《か》つわけである。というのは、どこにおいても信念というものは強いもので、信念には打ち克ちがたいからだ。それできみたちのなかにりっぱな意見が確立して、きみたちを安全にしてくれるある力をきみたちが獲得するまでは、ふつうの人たちとは注意して交わるように、きみたち
10 に忠告するわけなのだ。もしそうでなければ、きみたちは学校でなにかを書きこんでも、毎

日蠟《ろう》のように日光で溶けてしまうだろう。[1]それできみたちが蠟でつくったような意見を持っているかぎりは、ずっと日光から離れているがいい。だから郷里を離れるようにと哲学者たちも忠告しているのだ、つまり、「それは古い習慣がじゃまをして、それとちがった習慣が出始めるのを許さないから」であるし、またわしどもは、会う者が「見たまえ、だれそれは哲学をしている。これこれのあの男が」というのをがまんできないからだ。このようにして、医者たちも、長わずらいの病人をちがった土地やちがった気候のところへ送るのであるが、その処置は正しい。きみたちもちがった習慣を導入するがいい。きみたちはきみたちの意見を確立し、そのなかで訓練するがいい。

　ところがそうしないで、かえってきみたちは、ここから見世物や剣闘や屋内運動場やサーカスなどに行き、つぎに、あそこからここへ、そしてまたここからあそこへ帰ってゆき、旧態依然と
一五　しているのだ。そしてなんら善い習慣をつくることもしなければ、注意や自省もせず、また、「私たちにやってきた心像をどう用いようか、自然に従ってか、それとも自然に逆らってか、これらにたいしてなんと答えようか、答うべきようにか、あるいは、答うべきでないようにか、意志外のものにたいしては、それらは私にはなんのかかわりもないと付言しようか」と問いただすこともしないのだ。もしきみたちがまだこの心境に達しないならば、いままでの習慣からはのがれるがいい。ふつうの人々は避けるがいい、もしきみたちがいつかひとかどの者になろうとして、

発足したのならば。

(1) この時代は蠟板に字をしるしたのである。

四 ふつうの人の立場と哲学者の立場 (三・一九)

一 ふつうの人と愛智者との(1)第一のちがいは、一方が、「ああ、私は子どもや兄弟のせいで不仕合せだ、ああ、親父《おやじ》のせいで不仕合せだ」というが、他方は、もし強《し》いて「ああ、私は不仕合せだ」といわざるをえないとすれば、じっと考えてから、「私のせいで」というのである。なぜなら、意志が自分自身を妨げたり、害したりするのでなければ、意志外のものは、なにも意志を妨げたり、害したりすることはできないからだ。それで、わしら自身もこのことに思いをよせて、思いどおりにいかないとき、自分たちを責めて、混乱動揺の原因が思惑以外のなにものでもないと思う程度になれば、八百万《やおよろず》の神々にかけてきみたちに誓うが、わしらは進歩したというものだ。

だが現にわしらは、はじめから他の道を進んだのである。早い話が、わしらがまだ子どもであったとき、もしわしらがあんぐり口をあいて歩いたためつまずいたならば、乳母《うば》はわしらを叱《しか》らないで石を打ったのだ。いったい、石はなにをしたというのか。きみの子どものばかさのために、石はよけねばならなかったのか。また、わしらが風呂から帰ってきて食うものが見つからないと、補導係はわしらの欲望を鎮《しず》めないで、料理人をぶんなぐるのだ。きみ、わしらはきみを料理人の補導係としておいたのではあるまい。いや、わしらの子どもの補導係として置いたのだ。子どもを正してやるがいい、子どものためになることをするがいい。

同じようなわけで、わしらは成長はしても、子どものように見えるのだ。というのは、音楽のわからない者は、音楽においては子どもであり、読み書きのできない者は、読み書きにおいては子どもであり、教養のない者は、人生においては子どもだからである。

(1) 原語は哲学者も愛智者も同じピロソポスである。ことばそのものからすれば、みな愛智者である。しかしストア派ではとくに愛智の意味の強い初心者と、少し進歩した者と、完成に近い者との三者に分ける。

第四巻

一　社交について（四・二）

一　なによりもまずきみが注意せねばならないことは、だれか以前の知合いや、友人と深くつきあって、その結果、彼と同じ程度までなりさがることのけっしてないようにするということだ。もしそうでなければ、きみはきみ自身を破滅させることになるだろう。だが、

「私は彼に失敬なやつと思われるでしょう。そして彼は私にまえと同じ態度でなくなるでしょう」

という考えが、もしきみを襲うならば、なにごともただでは起こらないし、また同じことをするのでなければ、まえと同じ人であることはできないということを思い出すがいい。そこでどちら

でもきみの好きなほうを選ぶがいい。きみは旧態依然たるまえのきみとして、以前の人々から同じように愛されたいか、それともまえよりすぐれた者となって、まえと同じようには愛されないかだ。もし後者のほうがいいならば、すぐさまこちらのほうへ心を傾けるがいい、そして別の思想がきみの気を散らせることのないようにするがいい。というのは、だれでももし二途にまたがるならば、進歩することはできないからだ。いや、もしきみがなによりもそれを選んでしまって、もしそれのみを目的とし、それに骨折るつもりならば、他のことはすべて放下《ほうげ》するがいい。

五　だが、もしそうでなければ、この二途にまたがることは、きみに二つのことをすることになるだろう。すなわち、きみは分相応の進歩もしないだろうし、また、以前に得ていたものを失うことにもなるだろう。というのは、以前きみが包み隠しなく、なんの値打ちもないものを求めていたときは、きみは仲間たちに好かれていたからだ。だが、きみは二種類のことで抜きん出ることはできない。いや、一つのことにかかわればかかわるほど、他のことでは、きみはおくれをとらざるをえないのだ。きみがいままでの飲み友だちといっしょに飲まないならば、きみはまえと同様に、彼らに好かれることはできない。それでどちらでも選ぶがいい。きみはのんだくれとなって、彼らに好かれたいか、それとも白面《しらふ》で好かれたくないか。きみが歌の友だちともういっしょにうたわないならば、まえと同じように彼らに愛されるということはできないのだ。それでこのばあいも、きみの好きなどちらかを選ぶがいい。もしも、つつしみとたしなみとのあること

のほうが、ひとから「好きな人だ」といわれることよりもよりいいならば、他のことは放下し、
断念し、身をそむけるがいい。きみとそれらのものとを無関係ならしめるがいい。だが、もしそ
れらが意に満たないなら、徹底的に反対なことへ向きを変えるがいい。道楽者のひとり、もしく
は姦夫《かんぷ》のひとりとなるがいい。そして、そのつぎのことをなすがいい。そうすれば、きみの欲す
10 るものを得られるだろう。また、跳《と》びあがって、ダンサーに歓声をあげるがいい。だが、そ
んなにちがった性格は混合しない。きみはテルシテス[1]とアガメムノン[2]とを演ずることはできない。
もしきみがテルシテスたらんとするならば、きみは背が曲がってはげ頭でなければならない。も
しアガメムノンたらんとするならば、きみは大きくりっぱで、そして部下を愛する者でなければ
ならない。

(1) 第二巻八章注(6)を参照。
(2) トロイア戦争におけるギリシア軍の総大将である。第一巻九章注(3)を参照。

二　なにとなにとを交換すべきか（四・三）

一　きみがなにか外的なものを失ったとき、きみはその代わりになにを得たのであるか、を心し

ておくがいい。もしそれがよけい値打ちのあるものであるならば、けっして「私は損した」などといわぬがいい。もし驢馬《ろば》の代わりに馬を得たのならば、損をしたのではない。また羊の代わりに牛、小銭の代わりにりっぱな行為、無益なおしゃべりの代わりにしかるべき平静、恥ずべきことばの代わりにつつしみを得たのであるならば、損したのではない。これらのことを記憶しておくならば、きみはどこででもしかるべきように、きみ自身の体面を保つことができるだろう。だが、もしそうでなければ、時は空《むな》しく過ぎて、およそいまきみがやっている苦労は、すべて徒労に帰し、そしてめちゃめちゃになるだろうということを考えるがいい。すべてを破滅せしめ、ひっくり返すためには、ほんのわずかでいいので、ちょっと道理から踏みはずせばいいのだ。

五　船頭が船を転覆させるには、それを浮かべるに要するのと同じ準備はいらない。むしろ少し風に向けるならば、吹っとんで消滅してしまうのだ。自分でわざとしなくとも、ちょっとぼんやりしていたら、消滅してしまう。なにかこのようなことは、この人生にもある。もしきみが少しまどろむならば、いままで集めたものはすべてなくなってしまうのだ。それで心像に注意し、眠らずに見張っているがいい。というのは、きみが見守っているのは、つまらんものではなくて、つつしみ、誠実、剛毅《ごうき》、無情念、無苦、無畏《むい》、平静というだいじなもの、一言でいえば、自由だからだ。

なにと引き替えに、きみはそれを売ろうとしているのか。見たまえ、それらはどれほど値打ちがあるか。

しかし私は自由と引き替えに、なにかそのようなものを得ようとはしないでしょう。

もしまたそれを得たばあいでも、失ったものの代わりに、なにを得ているのかを見るがいい。「私はたしなみを、彼は護民官の職を得ている。彼は将軍の役を、私はつつしみを得ているのだ。いや、私は適当でないところでは叫ばない、いや、そうしてならないところでは、私は立ちあがらないだろう。[1] というのは、私は自由人であり、神の友人[2]だからであって、それは、すすんで神に従うためなのだ。だが、他のものはなにも、肉体も財産も公職も名声も、一言でいって、なにものも私は要求してはならない。なぜなら、神は、私がそれらのものを要求することを、好まないからだ。というのは、もし神が欲したならば、神はそれらのものを、私にたいして善としてつくっただろうから。だが現に、神はそうつくらなかった、だから、私は神の命令を踏み越えることはできない」。すべてにおいて、きみ自身の善を守るがいい。だが、他のことはきみがそれを合理的に用いるかぎり、きみに与えられているものだけで満足するがいい。もしそうでなければ、きみは不幸であり、不運であり、妨げられ、じゃまされるだろう。これらはかしこの神から送られた法であり、これらはその秩序なのだ。きみはこれらの解釈者とならねばならぬ。そして、マリウスやカッシウス[3]の法にではなく、これらの法に従わねばならぬ。

る。

(1) ローマでも劇場では、俳優にひいきして、立ちあがったり、叫んだりした。そのことをいってい

(2) 「解説」九ページを参照。

(3) マリウスもカッシウスも、ともに一世紀のローマの有名な法学者である。

三　平静に生活しようと、一所懸命になっている人たちにたいして

(四・四)

一　覚えておくがいい、ひとを卑しくし、他に隷属するようにするものは、ただ公職や富の欲望だけでなく、閑静や閑暇や旅行や学識の欲望もそうなのだ。なぜかというに、概して外物の価値は、どんな性質のものであろうと、他に隷属させるからである。それで元老院議員になろうと欲するのと、欲しないのとでは、なんの差別があるか。公職を欲するのと欲しないのとでは、なんの差別があるか。「私は都合が悪い、私はなにもすることがない、いや、私は死体のように書物に縛られている」というのと、「私は都合が悪い、私は読書するひまがない」というのと、なんのちがいがあるか。というのは、挨拶《あいさつ》や公職が外的な、意志を越えたものに属しているように、書物もそのとおりだからだ。それともなんのためにきみは読書しようとするのか。どうかいってくれたまえ。というのは、もしきみがそれを娯楽のためか、なにかを知るためにするのであるならば、きみはつまらない憐《あわ》れむべきものだからだ。だが、もし読書をそうあるべき目的のために

しているのであるならば、それは心の平和以外のなんであろうか。だが、もし読書がきみに心の平和を持ち来たらさないならば、それはなんの役に立つだろうか。

五　ええ、持ち来たらします、だからこそ私はそれを奪われると、不満なんです、とひとはいう。行き当たりのもの——それは、皇帝や皇帝の友を意味するのではなくて、鳥や、笛吹きや、熱病や、その他、幾多のものを意味する——からじゃまされるようなものは、どんな心の平和なのか。心の平和には、永続や、じゃまされないということほど、特徴となるものはなにもない。いまわしは、あることをするように呼ばれている。それでいま、わしは去って、守るべき限度を注意する。それはわしにつつしみがあるようにであり、わしが安全であるようにであり、わしが外物を欲望したり、忌避したりしないようにだ。つぎにわしは人々がなにをいうか、どのように行動するか、彼らに注意を向ける。しかしそれは悪意をもってでもなければ、非難するためでも、笑うためでもなくて、自分も同じような過失を犯すかどうか自省するためだ。

「それならば私は、どうして過失をやめましょうか」

わしも過失を犯したときがあった。だが、いまはもう犯さない、ありがたいことだ……。[1]

さあ、きみがこれらのことをしたり、これらのことに携わったりしたとき、きみは千行を読むか、あるいは他のそれだけを書くよりも、なにか劣った仕事をしたわけなのか。つまりきみは食事をしているとき、読書していないことを気に病むか。読書して学んだことにかなう食い方をして、満足じゃないのか。沐浴《もくよく》のときは？　体操のときは？　そうすると、なぜきみはすべてのばあいにおいて、つまり皇帝に近づくときでも、だれそれに近づくときでも、一様でないのか。もしきみが無情念②の態度を保つならば、もし沈着、平静の態度を保つならば、もし他人から見物されるよりも出来事を見物するほうであるならば、もし名誉高き者を嫉妬《しっと》もしなければ、事物から混乱させられることもないならば、きみにはなにが欠けているだろうか。

書物か。どうして？　そして、なんのために？　いったい、それは生きるための一種の準備ではないのか。また生は、書物よりも他のものでいっぱいになっている。書物のことを考えるのはちょうど、競技者が競技場にはいったとき、もう外部で練習しているのでないというわけで、泣くようなものだ。ところが、出場のためにこそきみは練習したので、跳躍の錘《おもり》も、砂③も、若い相手も、この目的のためなのだ。ところで、いよいよ活躍のときがきたとき、きみはいまもそれらの練習を求めているのか。それはちょうど、承認の領域のばあい、しっかりつかんだ心像とそうでない心像④とがあるのに、それらを判別しようとしないで、認識にかんする論文を読もうとするようなものだ。

それならば、その原因はなになのか。それはわしどもがいままで読んだり、書いたりしたけれども、それらは、行動するとき、わしどもにやってくる心像を自然にかなったように使用するためではけっしてなく、なにがいわれているかを学んだり、他人に説明することができたり、推論を分析したり、前提を吟味したりすることでやめてしまったからだ。

一五　だから、一所懸命になるところには、じゃまもあるわけだ。きみはきみの権内にないものを、どうしても、欲するのか。それなら、妨げられ、じゃまされ、失敗もするがいい。もしわしどもが意欲にかんする論文を読むのが、意欲についてなにがいわれているかを見るためでなくして、わしどもが善《よ》く意欲するためであるならば、また、欲望や忌避にかんする論文を、欲して失敗しないように、忌避して陥ることのないように読むのであり、また、義務にかんする論文を読むのが、事情を覚えておいて、道理に逆らい、義務に反してなすことのないためであるならば、わしどもは読書を妨げられても、腹を立てないだろう。むしろそれにぴったりした行動をなすことで満足し、そしてわしどもがいままで数えるのに慣れていた「きょう私は何行読んで、何行書いた」ということは勘定に入れないで、むしろ、「きょう私は哲学者たちから教わったように意欲した。私は欲張らず、ただ意志の左右しうるものにたいしてのみ忌避し、だれそれから圧力をかけられることもなく、だれそれからどぎまぎさせられることもなく、忍耐と禁欲と協同とを練習した」ということを勘定に入れたことだろう。かくて、わしどもは感謝すべきものにたいし、神に感謝したことだろう。

ところが現にわしどもは、自分たちもちがった仕方においてではあるが、その大衆に似たものになっていることを知らないでいるのだ。ある者は公職につけないのではないかと恐れているし、

三〇　またきみは公職につけられはすまいかと恐れている。きみよ、けっして恐れぬがいい。公職につけないのではないかと恐れている人を嘲笑《ちょうしょう》するように、きみ自身をも嘲笑するがいい。というのは、熱病で渇《かわ》いているのも、狂って水を恐れているのも、差別はないからだ。それともきみはどうすれば、なお、ソクラテスのいった「もしそれが神の気に入るなら、そうなるがいいのです」ということを、いうことができるか。もしソクラテスがリュケイオンやアカデメイア⑤で、ひまに暮らしたり、青年たちと毎日対話したりするのを望んだならば、きみは、彼が出征のたびごとに喜んで出征しただろうと思うか。彼は、「かわいそうな私、私はいまこの戦場で、不運で惨《みじ》めだ、リュケイオンでは日向《ひなた》ぼっこができたのに」といって、懊悩《おうのう》、悲嘆しなかっただろうか。いったいこの日向ぼっこするということは、きみの仕事だったのか。ゆとりのあること、妨げられないこと、じゃまされないことが仕事ではなかったのか。また、もしソクラテスがそれを嘆いたのならば、どうしてなおソクラテスであったであろうか。どうして彼はなおも牢獄《ろうごく》において、賛歌を書く⑥ことができたであろうか。

　それでつまるところ、すべてきみ自身の意志外にあるものを、きみが尊重するならば、きみは意志を破壊したことになると記憶しておくがいい。だが、公職のあることだけでなく、公職のないことも、ひまのないことだけでなく、ひまなことも外的なものだ。

「それではいま、私は、この騒がしさのなかで暮らさねばならないのですか」

きみはなにを騒がしさというのか。

「それは多くの人たちのなかにいるということです」

それならば、なにがつらいのか。オリンピアにいるのだと思ったらいい、それをお祭りと思ったらいい。そこではそれぞれが勝手なことを叫び、勝手なことをし、勝手に押し合っている。共

三五 同浴場には群集がいる。そしてわしどものなかのだれがこの集まりを喜ばなかったり、それを苦にしたりして去っていくだろうか。出来事にたいして不満がったり、むかついたりするな。「酢は不愉快だ、酸《す》っぱいから」。「蜜《みつ》は不愉快だ、私の気持を変えるから」。「私は野菜は好かない」。このようにしてまた、「私はひまなのは好まない、それは寂しい」、「私は群集は好まない、それは騒がしい」というのだ。しかしもしきみがひとりで、もしくはわずかの人々と暮らすような事情になったならば、それを静かだと呼びたまえ、そして利用すべきように事情を利用するがいい。きみ自身と話すがいい、心像を訓練するがいい、先取観念を完成するがいい。もしきみが群集のなかに落ちこんだら、それを遊戯、お祭り、祝祭と呼び、人々といっしょに祝うようにするがいい。というのは、人間好きな者にとっては、たくさんの人間よりもより愉快などんな見ものがあるだろうか。馬や牛の群れをわしどもは喜んで見るし、またたくさんの船を見ると、わしどもは気がはればれする。たくさんの人間を見たとき、ひとは苦痛だろうか。

「しかし彼らの叫びは私を圧倒します」

それではきみの聴覚が障害を受けているのだ。ところでそれは、きみとどういう関係なのか。まさか、心像を使用する能力も、障害を受けているというのじゃあるまいね。きみが欲望や、忌避や、意欲や、拒否を自然にかなったように使用するのを、だれが妨げているのか。どんな騒がしさが、そうすることができるのか。

きみはただ、「なにが私のものであり、なにが私のものでないか、私にはなにが与えられてい
三〇 るか、神はいま、私がなにをすることを欲し、なにを欲しないか」という一般原理を思い出
すがいい。少しまえ、神はきみがひまに暮らしたり、きみ自身と話したり、これらのことについて書いたり、読んだり、聞いたり、準備したりするのを欲した。そしてきみは、それにたいしてじゅうぶん時間を持っていた。ところでいま神はきみにたいして、「もう試合に来るがいい、おまえがなにを学び、どんなふうに練習したかを、わしに見せてくれ。どのくらい長くおまえはひとりで鍛錬したか。おまえを知るときがもう来ている。おまえは勝利に値する競技者に属する者か、それとも負け続けながら全ギリシアを歩きまわる、あの人たちのひとりかどちらか」といっているのだ。そうすると、なぜきみは腹を立てているのか。騒がしさなしにはどんな競争も起こらないのだ。たくさんの競争者がいるに相違ない。たくさんの叫ぶ者、たくさんの幹部、たくさんの見物人がいるに相違ない。

ええ、しかし私は静かに暮らすことを望んでいました。

それでは値するように悲しんだり、嘆いたりするがいい。というのは、教養のない者や、神的な秩序に服従しない者にとっては、苦しんだり、悲しんだり、嫉妬《しっと》したり、総じて不運不幸であるよりも、より大きな罰が他になにかあるだろうか。きみはきみ自身をこれらのものから解脱させようとしないか。

しかし、どうしたら解脱できるでしょうか。

きみはなんどもなんども聞いたことがあるのじゃないか。欲望をまったく捨てねばならないとか、忌避をただ意欲的なものにだけ向けねばならないとか、きみは肉体《からだ》や、財産や、名声や、書物や、騒がしさや、公職や、無公職などのいっさいを、捨てねばならないというのを。というのは、もしきみがそれらに心を傾けるばあいには、きみは奴隷であり、臣下であり、妨げられる者となり、強制される者となり、まったく他の人々の権内にあることとなるからだ。しかし、

われを導きたまえ、おお、ゼウスと、汝《なんじ》、定めの女神よ⑦

というクレアンテスのことばが手もとにある。きみたちはわしがローマへ行くことを望むのか。ではローマへ行こう。ギュアラ⑧へ行くことを望むのか。ではギュアラへ行こう。アテナイへか。

三五　ではアテナイへ行こう。牢獄へか。では牢獄へはいろう。もしいちどきみが、「いつアテナイへ帰ってくるのか」というならば、「汝失却《しつきやく》せり」というわけだ。この欲望はもし満たされなければ、きみを不幸にするのは当然であるし、また満たされるならば、きみは空《むな》しく、思いあが

るべからざるものに思いあがるだろう。また、もしきみがじゃまされるならば、きみはきみの欲しないものに陥って不幸となるだろう。だからこれらすべてのものは、捨てるがいい。

「アテナイはきれいです」

うん、しかし、幸福であること、つまり無情念であること、平静であること、きみの事柄をなにものにも依存させないということは、さらにずっときれいなことだ。

「ローマは騒がしさと挨拶とでいっぱいです」

そうだ、しかし心の平和は、これらすべての煩わしいものと引き替えなのだ。だのにきみは、これらのものがやってくると、なぜそれらのものから忌避してやめないのか。鞭《むち》打たれる驢馬《ろば》のばあいのように、重荷を担《にな》わざるをえなくするのはなになのか。もし忌避をやめなければ、ほら、きみはいつも、きみを解放してくれたり、万事においてじゃますることのできる人に、隷属せねばならないし、また、彼を悪神として世話せねばならないわけだ。

心の平和へのただ一つの道がある〔これは朝も昼も夜も心得ておくがいい〕。それは意志外のものは遠ざけ、なにものをも自分のものとは考えず、すべてを神霊や運命にまかせ、ゼウスが監
四〇 督者としてつくってくれた者を自分たちの監督者となし、自分を、ただ一つのもの、つまり、自分のものでなにものからもじゃまされないもの（＝本心または良心）に捧《ささ》げて、読書はこのものを目的として読み、また書いたり、聞いたりするということだ。

だから、彼が読んだり書いたりするということ、ただそれだけをわしが聞いたんでは、わしは彼を勤勉だということはできない。たとえ終夜ということをつけ加えても、もしなんのためにはりきっているのかを知るのでなければ、まだそう言うことはできない。なぜなら、きみは彼女のために眠らぬ人を勤勉とはいわぬだろうから。そういうわけでわしもそうはいわない。むしろもし名声のためにそれをなすのなら、わしは彼を名誉心が強いというし、またもし金銭のためならば、強欲だといい、勤勉だとはいわない。だが、自分の良心を目的としてはりきっているのであり、それが自然にかなった生き方をするためであるならば、ただそのときこそ勤勉だとわしはいうのである。

というのは、諸君はけっして、万人に共通な表面的なことのために褒《ほ》めたり、非難したりすべきではなく、彼らの考えのためにそうなすべきだからだ。けだし考えは各人の固有のものであって、しかも行動を醜くも、美しくもするものなのだ。これらのことを記憶して、現在手もとにあ

四五 るものを喜び、ちょうど時が持ち来たらしているものを歓迎するがいい。もしきみが学んだり、考察したりしたものが、きみの行為のなかに実現されているのを見るならば、それらのものを喜ぶがいい。もし意地悪や悪口をきみが捨ててしまったか、減じてしまったのならば、またもし軽率や、みっともないことばや、でたらめや、怠惰を捨ててしまったか、減じてしまったのならば、また、もしきみが以前動じたものに動じないならば、少なくとも以前と同程度に動じない

ならば、きみは毎日お祭りすることができる。つまり、きょうはきみがこの行為においてりっぱにふるまった理由で、あしたは他のことでりっぱにふるまった理由で。これらのことは、犠牲⑨をしてお祭りするのに、執政官や、総督となったばあいよりも、どれほど大きな原因となるだろうか。これらのことがきみに生じたのは、きみ自身からであり、また神々からなのだ。だれが与えたのか、だれに、そしてなんのために与えたのか、よく記憶しておくがいい。これらの考えにつちかわれても、なおきみは、どこで私は幸福であるだろうかとか、どこで私は神のお気に召すことができるだろうかとかいうことが気になるか。ひとはどこにいても、神から同じだけ隔たっているのではないだろうか。人々はどこからでも、出来事を、同じように見ているのではないだろうか。

①　これ以下、原文が欠損している。
②　「無情念」（アパテイア）については、「解説」一九ページを参照。
③　砂は、相撲とりが油で体を清めてから、ふりかける黄色の砂。
④　しっかりつかんだ心像（＝把握的心像）というのは、心像が心に承認されて成立する心像である。エピクテトスの第三の領域である承認の領域でなされる。それは把握した心像であるから、夢や幻ではなく実際に存在する対象から来た、それに適合して印せられた心像である。そうでない心像というのは、いま述べたのとは反対の心像で、実際ないものの心像とか、実際あるものとはちがった

心像のごときものである。

⑤ リュケイオンはアポロンの神を祭ったアテナイ近郊の木立で、体育場があった。アリストテレスおよびその派は、ここで教授した。アカデメイアはアテナイの近辺、ケピソス河に隣接しているオリーブの木立のあるところで、英雄アカデモスを祭ってあった。ここに体育場があり、プラトンおよびその派が教授した。

⑥ ソクラテスは、イソップを訳したり、アポロンの賛歌をつくったりしている。プラトン『パイドン』60dを参照。

⑦ エピクテトス『要録』五十三章を参照。

⑧ 第一巻九章注⑤を参照。

⑨ 動物を殺して神にそなえる。もとは犯した罪をつぐなうために、あるいは予告された悪事を避けるために、身代わりの動物、たとえば羊、牛、馬を殺してそなえたのである。

四　清潔について（四・一一）

一　ある人たちは、人間の本性のなかに、社会性なるものがあるかどうかを疑っている。だがそれにもかかわらず、これらの人たちでさえ、とにかくひとに清潔さというものが本性的にあって、もしなにかの点で、他の動物から区別されるとすれば、この点で区別されるということを疑っていないように思われる。それでなにか他の動物が自分をきれいにしているのを見ると、わしらは驚いて、「まるで人間のようだ」というのが常である。また反対に、もしひとがある動物を非難するならば、「どうせ人間じゃないよ」と、すぐわしらは、あたかも弁護するかのようにいうのが常だ。かくてわしらは、清潔を、神々から第一番にもらった、人間についての非常にすぐれたものであると考えている。というのは、彼ら神々は、本性上純粋で、混じり気がないものだから、人間たちが理性に従って神々に近づけば近づくほど、純粋を好み、きれい好きになるというわけだ。だが、人間たちの本質がそのような材料から混合されていて、徹頭徹尾純粋であることは不可能なのだから、彼らが神々から授かった理性は、できるだけそれをきれいにしようと努めているのだ。

五　そうすると第一の、そして最高の純粋さは、魂におけるそれであり、また不純さについても同じことがいえる。だがきみは、魂の不純さを肉体の不純さのように発見することはできないだろう。しかしきみが魂の不純さとして発見するものは、魂の活動をきたなくするもの以外のなにか。魂の活動とは、意欲すること、拒否すること、欲望すること、忌避すること、準備すること、計画すること、承認することなどである。そうするとそれらの活動において、魂をきたなくし不純にするものは、いったいなになのか。魂の悪い判断以外のなにものでもない。したがって、魂の不純さとは悪《あ》しき考えであるし、また清めるとは、そのなかに考えらしい考えをつくるということである。また純粋な魂とは、考えらしい考えを持っている魂のことだ。なぜかというに、それのみが魂の活動において、混じり気のない、そして汚れのないものだからである。

　肉体のばあいにも、できるだけ、なにかそれと似たことをするように工夫《くふう》せねばならぬ。人間
はこのような混合なのだから、洟《はな》が流れないということは不可能であったわけだ。だから自然は
手をつくり、また液体が流れるように、管のような鼻孔をさえつくったのだ。それでもしひとが
10 それをするならば、人間的なやり方をしていないとわしはいうのである。ひとが泥《どろ》や汚れ
ているものを通過するとき、足が泥だらけにならないとか、ぜんぜん汚れないということは不可
能だ。だから自然は水を準備したのであるし、また手を準備したのだ。食うて、歯になにか不潔
なものが残らぬということは、ありえない。

　だから自然は「歯を洗え」というのだ。なぜか。それはきみが人間であるようになのだ。そしてけだものっ子、豚っ子でないようになのだ。汗のため、また着物を着るために、肉体《からだ》にきたないものや、清潔にする必要のあるものがつかないということはありえない。

　だから水や、油や、手や、手拭や、浴用刷毛①や、石鹼《せっけん》や、またときには肉体を清潔にするためのいっさいの用意があるのである。いやそればかりでなく、鍛冶屋《かじや》は鉄器から錆《さび》をとるだろうし、またそのためにつくられた道具を手に入れるだろう。そしてきみ自身は、もし徹底的に不潔で、きたならしいのでないかぎり、食事をしようとするとき、食器を洗うだろう。しかしきみは、小さい肉体を洗ったり、清潔にしたりしないだろうか。

なぜですか、とある者がいう。

ふたたびきみにいおう。まず第一番に、人間としてなすべきことをなすためであり、つぎに、
一五 出会った人々を不愉快にしないためである。きみはなにかそのようなことを、ここでもしていて、気づかないのだ。きみは臭気を放つのを、きみ自身に値することと思うか。よろしい、値するとしておこう。だが、きみの側にすわる人は、まさかそうではあるまい、きみといっしょに横たわる人も、まさかそうではあるまい、接吻《せっぷん》する人も、そうではあるまい。どこかきみに値する寂しいところへ去るがいい、そして独《ひと》りきみ自身を臭くして暮らすがいい。というのは、きみの不潔なのを、ひとりきみだけが味わうのは正しいからだ。だが、都市のなかにいて、そんなに周囲にかまわずに、そして無知にふるまうことは、だれのすることだときみは思うか。もし自然がきみに馬をまかせたならば、きみはそれを顧みないで、ほったらかしておくだろうか。そしていまきみは、きみの肉体《からだ》が馬のように、きみにまかされたのだと思うがいい。それを洗うがいい、拭《ぬぐ》い清めるがいい、だれもきみに背を向けたり、だれも避けたりすることのないように、そうするがいい。だれがきたない、臭い、色の悪い人を、糞便《ふんべん》のついている人を避ける以上に避けないだろうか。

後者のそのにおいは、外から付加されたものであるが、前者の無精からくるものは、内部のもので、いわば腐ったようなものだ。

しかしソクラテスは、まれにしか沐浴《もくよく》しませんでした。[2]

しかし彼の肉体は光り輝いていた、いや彼は非常に魅力があって、気持がよかったものだから、非常に器量よく、非常に生まれのいい者どもが、彼を愛して、姿よき人たちのそばよりも、むしろ彼のそばにいっしょに横たわろうとしたのだった。[3]もし彼が欲すれば、沐浴しないことも洗濯しないこともできたのである、とはいえ、彼のたまさかの沐浴は効果があった。

二〇 しかしアリストパネスはいっています。

私のいっているのは靴《くつ》をはかない蒼白《あおじろ》い男だよ。[4]

と。

うん、彼は、ソクラテスが空中を歩くとか、相撲場《すもうば》から着物を盗む[5]とか、いっている。ところがじつは、ソクラテスについて書いた人々はすべて、ソクラテスは聞いて気持がいいばかりでなく、見ても気持がよかったと、万事それと正反対のことを証拠立てているのだ。また彼らは、ディオゲネスについても同一のことを書いている。

ひとは多くの人々を、肉体の外観で、哲学から追い払うべきではなくて、他のことにおいてのように、肉体においても、彼自身気持よく、そして平静であることを示すべきだ。「おまえたち、見たまえ、わしはなにも持っていないし、またなにも必要としない。見たまえ、わしは家なく、祖国なく、ひょっとしたら追放の身となるかもしれないし、また、かまどなしかもしれないが、それでも、どんなにわしはすべて名門の人たちや、裕福な人たちよりも、より平静に、よりゆとりを持って生きているか。しかし、わしの小さい肉体が、きびしい生活で害を受けないのも見るがいい」。以上のことを、もしある人がわしにいって、そしてその人が、刑の宣告を受けた者の憐《あわ》れな態度と顔つきをしているならば、どんな神がわしを説得して、そのような人たちをつくった哲学に接近させるだろうか。断じてさせはしない。それがわしを賢者にするのだとしても、わしは接近しなかっただろう。

二五　わしとしては、神に誓っていうが、はじめて哲学に感激している青年は、髪をもじゃもじゃきたなくしてよりは、むしろ髪に手入れをして、わしのところへやってきてもらいたいものだ。というのは、彼のなかには、なにか美の心像や、形の整っているものへのあこがれが見られるからだ。それらがあると思うところで、彼は美を得ようと技をこらすわけである。けっきょく、ただそれだけを彼に示して、

「若者よ、おまえは美を求めている、そしておまえはいいことをしている。そこで知っておいてもらいたいが、美はおまえの理性のあるところに成長するのだ。意欲や拒否のあるところ、欲望や忌避のあるところ、そこにそれをさがすがいい。というのは、おまえはそれをすぐれたものとして、おまえ自身のなかに所有しているからだ。だが、小さい肉体は本来、泥土である。なぜおまえはそれについて、あてずっぽうに骨折っているのか。ほかにおまえはなにも知らないとして

も、時がたてば、それがなんでもないことを知るだろう」

というべきである。もしも彼が口髭《くちひげ》を膝まではやしながら、糞便で汚れ、きたなくして、わしのところにやってくるならば、わしは彼になにを話し、どんな似たことから、彼を誘導することができるだろうか。わしが彼を転換させ、「美はあそこにはなくてここにある」というためには、いったい彼は、これまで美と似たどんなことに一所懸命になっていたのか。きみはわしが彼に向かって

「美は糞便で汚れることのなかにではなく、理性のなかにあるのだ」

というのを欲するか。いったい彼は、美にあこがれているだろうか。彼にその様子があるだろうか。去ってそして仔豚《こぶた》に、泥のなかを転《ころ》がらぬようにと話すがいい。クセノクラテスのことばが、ポレモン⑥を感動させたのも、彼が美を愛する若者だったからである、つまり、彼は美にかんする熱心さに燃えながら、見当ちがいのところに、さがしつつやってきたからである。

三〇　実際、自然は人間といっしょに生活する家畜をも、きたなくはつくらなかった。まさか馬は泥のなかを転がりはすまいね。育ちのいい犬も転がりはすまいね。むしろ豚や、きたない鵞鳥《がちょう》や、虫けらや蜘蛛《くも》や、人間社会からもっとも隔たっているものどもが、転がるのだ。そうすると、きみは人間であるのに、人間といっしょに暮らす家畜であることをさえ欲しないで、かえって虫けらか蜘蛛であることを欲するのか。きみはどこかで、いつか、好きなように沐浴しないか。きみ

自身を水で洗わないか。きみは、いっしょにいる人々がきみに好感をもつように、清潔にしてやってこないか。いや、唾《つば》を吐いたり、洟《はな》をかんだりしない習慣になっている寺院へ、きみは唾や洟をいっぱいためて、わしらといっしょにやってくるのか。

そうすると、どういうことになりますか。ひとは飾ることを求めているのでしょうか。

そんなことはない。もっともわしどもの本来的なもの、すなわち理性や、考えや、活動はべつだが、肉体《からだ》はこれを清潔にする程度、ひとを不愉快にしない程度でいい。しかし、もしきみがまっかなものを着てはならぬということを聞くならば、きみは去ってマントを糞便できたなくするか、引き裂くか。⑦

しかし私は、きれいなマントをどこから手に入れるでしょうか。

三五　きみ、きみは水を持っている、それを洗濯するがいい。かわいがられる若者を見るがいい。愛したり、そのお返しとして愛されたりする資格のある年輩の人を見るがいい、ひとはこの人に自分の息子の教育⑧をまかせるだろう、この人のところへ、もし機会があれば、娘たちが、また若者たちがやってくるだろう。それは、この人が糞便の上で講義をするためなのか。そんなことは断じてない。すべての逸脱は、なにか人間的なものから生ずるのだが、それは非人間的なものに近い。

(1) むかしローマで、入浴のとき、皮膚を掻くために用いられた金属の道具で、とくに運動家が用いたらしい。
(2) プラトン『饗宴』174 a。
(3) 同右、217～218。
(4) アリストパネス『雲』一〇三。
(5) 同じく『雲』の一七九、二二五。しかし事実としては、みな嘘である。ストア中期の哲学者パナイティオスは、ソクラテスをよく研究した人であるが、彼によると、アリストパネスは、資料としては、信用するに足らないという。
(6) 第三巻一章注(3)を参照。
(7) 命令にも、疑問にも読める。オールドファーザーは、若者が教訓を極端から極端に持っていくので、皮肉を意味する命令とする。
(8) このへんは原文がこわれている。

五　注意について（四・一二）

一　きみがちょっと注意を怠るとき、いつでも好きなときにそれを取り返せるだろうなんて考えぬがいい。むしろきょうの過失によって、必然他のことも、きみの事柄は悪くなるということを、覚悟するがいい。というのは、まず不注意というもっとも悪い習慣が生じ、つぎに注意を延期するという習慣が生じるからだ。また、きみはつねに、ゆとりのあること、行儀のいいこと、自然にかなった状態や生活を、つぎからつぎへと、延期するように習慣づけるからだ。ところで、もし注意の延期が有益であるならば、注意をまったく捨てることはいっそう有益であるだろう。だが、もしそれが有益でないならば、なぜたえず注意しないのか。

「きょうは遊戯をしたいです」

そうすると、きみが注意して遊ぶのを、なにが妨げるか。

「歌をうたいたいです」

すると、きみが注意してうたうのを、なにが妨げるか。生涯《しょうがい》のうちの注意の及んでいない部分を、除外というわけにはいくまいね。いったい、きみは注意したとき、それをより悪くし、注意しないとき、それをより善《よ》くするのか。人生の他のどんな事柄が、注意しない人々によって、よりすぐれたものにされるだろうか。大工《だいく》は注意しないとき、より正確につくるだろうか。

船頭は注意しないとき、より安全に船を漕《こ》ぐだろうか。また、他のなにかもっと小さい仕事は、不注意によって、よりりっぱになされるだろうか。きみが気をゆるめたが最後、きみはもうそれを呼びもどすことはできないのだ。行儀のばあいでも、つつしみのばあいでも、秩序のばあいでもそのとおりであるのを、きみは気づかないか。いや、きみは思いつくことは、なんでもやり、激情についていくのだ。

それでは私は、なにに注意すべきでしょうか。

まず、かの一般原理に注意すべきだ。そしてそれらを掌中のものとなし、それらなしには眠ったり、起きたり、飲んだり、食ったり、人々とかかわりあったりするべきでない。ところで、その一般原理というのは、「なんぴとも他人の意志の主人ではない」ということであり、「意志にのみ善悪がある」ということである。そうすると、なんぴともわしに善をつくったり、わしを悪に引き入れたりする力は持たないのであって、わし自身だけが、これらについて、わし自身を支配する権力を持っているわけなのだ。そこでそれらのものがわしにとって安全であるとき、どうしてわしは外界のものに悩まされようか。どのような暴君、どのような病気、どのような貧乏、どのような障害が、恐ろしいだろうか。

10　しかし私は、だれそれのお気に召しませんでした。

だからといって、まさかその人がわしの行動の主人公だというんじゃあるまいね。わしの判断の主人公だというんじゃあるまいね。

そうじゃありません。

それではさらに、わしになんのかかわりがあるだろうか。

しかし彼は、ひとかどの者であるかのように、思われています。

本人も、彼をそう思っている人たちも、そう見ることだろう。だが、わしはといえば、わしがその気に入り、それに仕え、従うべきものとしての神と、そのつぎのもの、すなわちわし自身とを持っているのだ。神はわしをばわし自身に推薦してくれた。そして彼はわしの意志を、わしだけに従属させて、それを正しく使用するように、基準を与えてくれた。わしがそれらの基準に従うとき、わしは推論において、ちがったことをいう人たちのなかの、なんぴとにも振り向かないし、また意味の不定な前提による推論においては、なんぴとをも問題にしない。それならば、なぜわしを非難する人たちは、もっとたいせつなことにおいて、わしを悩ますのだろうか。その混乱の原因は、なになのだろうか。それはほかでもない、わしがその領域において、練習ができていないということである。というのは、たしかにすべての知識は、無知や、無知な人々を軽蔑《けいべつ》するものであって、そして知識だけではなく、技術もそのとおりだからである。きみの好きな靴屋でも取ってみたまえ、彼は自分の仕事については、多くの人々を嘲笑《ちようしよう》するだろう。きみの好きな大工を取ってもいい。

一五 それで、まずこれらの基準を掌中のものとして、それらのものを離れてはなにもなすべきではなく、魂をこの目的におくべきだ。そして外物や他人のものは、なにも追っかけるべきではなく、主権者たる神が配置したように、つまり、意志的なものはなんとしてでも追っかけるが、その他のものはそれらが与えられているままにしておくべきだ。加うるに、記憶しておくべきことは、わしらは何者か、わしらの名は何か、また、社会的な関係のありうるもろもろのばあいに対して、それに応じたふさわしいことをさし向けるように、試みるべきだということだ。また、どんなときにきみはうたうべきか、どんなときに遊戯すべきか、だれがいるときにかということだ。またなにが見当違いか。仲間がわしらを軽蔑しはすまいか。わしらがわしら自身を軽蔑しはすまいね。いつ、そしてだれを、冷かしたり、嘲るか。そしてどういう目的で、だれと交際するか。そして結局、社交において、どのようにして、自分の体面を維持するかということだ。これらのうちのどれかからそれるばあいには、さっそくきみは、外部からではなく、活動そのものから、損害を受けるだろう。

そうすると、どうだね。過失がないということは、ありうるか。ありえない、しかし、過失のないようにたえず努力するということは、できる。というのは、もしわしらが、この注意を少しも緩《ゆる》めないおかげで、とにかく過失を少しでも脱するならば、満足すべきだからだ。ところで、

二〇 いまもしきみが、「あした私は注意するだろう」というならば、いいかね、それはきみが、

「きょう私は恥知らずで、分別なく、卑しくあるだろう、私を苦しめるのは他の人々であるだろう。きょう私は怒るだろう、嫉妬《しっと》するだろう」ということを意味しているのだ。見たまえ、どれほど多くの悪を、きみはきみ自身に向けているか。しかし、注意するということが、きみにあしたけっこうなのであるならば、きょうならば、どれほどまさってけっこうなことだろう。もしあした有益なのであるならば、きょうのほうがはるかに有益であるだろう、それはきみがあしたもできるようにであり、また、あさってに延ばさないようになのだ。

六　自分のことを軽々しくしゃべる人たちにたいして（四・一三）

一　ひとが自分自身の事柄について、わしらに率直に話していると思われるとき、自分たちも、自分たちの秘密を彼に打ち明けるように、どんなに誘致され、そしてそれを率直と思っていることだろうか。というのは、まず第一に、自分が隣人のことを聞くが、しかし、つぎにわしらのことを彼にそのお返しとして話すことをしないということは、不公平であると思われるからだ。第二に、自分のことを黙っているならば、彼らに率直な人々という印象を与えぬだろうと思うからだ。たしかにひとは、しばしば、「私はすべて私のことをきみに話した、だがきみは、私になにもきみのことを話そうとしないのか。どこでそんなことがなされているか」と言い習わしている。それに加えて、すでに自分のことを打ち明けた人を、わしらは安心して信頼することができると思っているのだ。というのは、この人は、わしらから彼のことを口外されはしないかと用心して、わしらのことを口外しないだろうというひそかな考えが、わしらにあるからだ。

五　かくて軽率な者たちは、はじめ皇帝を悪口する、ローマの兵士たちにつかまえられるのだ。私服の兵士がきみのそばにすわって、はじめ皇帝を悪口する、するときみは、いわば彼から、彼が悪口を始めたという信頼担保を受け取ったことになるから、きみ自身も、およそ考えていることを話すことになる。するときみは捕縛されて、連れていかれるというわけだ。これに類したことは、一般的なことにおいても経験される。というのは、彼が安心して彼自身のことをわしに打ち明けたとしても、そのようにわしも出会う人に打ち明けるとはかぎらないからだ。いやわしが無口な者であるならば、わしは聞いて黙っているだろう、だが、彼は出ていってすべての人に口外する。それからもしわしが出来事を知り、わし自身も彼と同じような者であるならば、復讐《ふくしゅう》しようとして、彼のことを口外し、そして彼を狼狽《ろうばい》させたり、狼狽させられたりする。だが、「ひとが他人を傷つけるのでなく」、各人の行為が各人を傷つけたり、益したりするのだということを、もしわしが記憶しているならば、わしは彼と同じことをしないように、それに打ち克《か》つ。だが、それにもかかわらず、わしはわし自身のおしゃべりによって、わしの会っているような目に会っているのだ。

ええ、そうです。しかし隣人の秘密を聞きながら、つぎにそのお返しとしてその人になにも語らないということは、不公平です。

一〇　きみよ、いったいわしは、きみをそのために呼んだのではあるまいね。きみは、つぎにわしのことも聞くという条件づきで、きみのことを打ち明けたのではあるまいね。もしきみがおしゃべりで、出会う人をみな友人であると思うのであるならば、きみはわしをもきみと同じになるようにしたいのか。もしきみがわしにきみのことを十分信頼して託しても、わしがきみに十分信頼して託することができないとしたら、どうだ。きみはわしががむしゃらで倒れることを願うのか。ちょうどわしが洩《も》らぬ壺《つぼ》を持っているのに、きみは穴のあいたのを持っていて、そしてきみがやってきて、わしの壺に入れるためにきみの酒をわしにあずけるばあい、きみはわしがわし自身の酒をきみにあずけないというわけで、ぶつぶついうようなものだ。なぜあずけないかといえば、きみの壺には穴があるからだ。それならば、なおどうして等しくあるだろうか。きみは誠実な者、つつしみのある者を信頼し、また自分の活動だけを有害とか有益と考えて、外的なものをなにもそう考えない人を信頼した。きみはわしにきみを信頼してもらいたいのか。自分の意志を汚したり、よしんばメディア[1]のように、きみの子どもを殺したりしても、小銭や、公職や、宮廷での昇進を得ようとしているきみという人間を、信頼してもらいたいのか。

それにはどこに等しいものがあるか。

一五　いや、どうかきみ自身を誠実なもの、つつしみのあるもの、確実なものとして見せてくれたまえ、きみが友情に厚いことを見せてくれたまえ、きみの容器が穴あいていないことを見せてくれたまえ。そうすればどのようにわしは、きみがきみのことをわしに打ち明けるのを待たないで、自分で出向いて、きみにわしのことを聞いてくれるように頼むか、きみはわかるだろう。というのは、だれが、善《よ》い容器を使用したがらないだろうか。だれが、好意ある誠実な忠告者を軽蔑《けいべつ》するだろうか。だれが、いわば荷物を分担してくれるように、自分の困難を分担してくれて、そしてまさにその分担によって、その人を軽くしてくれる人を、喜んで受け入れないだろうか。

そうです。しかし私はあなたを信頼しているのに、あなたは私を信頼してくれません。

まず第一に、きみはわしを信頼していないし、またきみはおしゃべりである。だからきみは、なにも保持することができないのだ。実際そのとおりであるならば、それらのことをわしだけに打ち明けるがいい。ところが現にきみは、だれかひまな者を見ると、彼のところにすわって、「兄弟よ、私にはきみ以上に好意ある者も、親しい者もない、私のことを聞いてくれるようにたのむ」という。そしてきみは、それをいささかの面識のない者にもやるのだ。だが、もしきみがわしを信頼するならば、それは明らかにわしを忠実な、つつしみのある者と信じたからであって、きみにわし自身のことを打ち明けたからではない。

三〇　それでわしも、きみについて同じことを考えることができるようにしてくれたまえ。もしもひとが自分のことを他人に打ち明けるならば、その人は誠実であり、つつしみがあるんだということを、どうか示してくれたまえ。というのは、もしもそのとおりなら、わしは歩きまわって、すべての人々にわし自身のことを話すだろう。そのために、わしが誠実で、つつしみのある者になるだろうというのなら。だが、そういう者にはならないのであって、そういう者になるためには、行きあたりばったりでない考えが必要なのである。そこでもしきみが、意志を越えたものに一所懸命になって、それらのものに自分の意志を従属させた人を見るならば、この人は、強要したり、妨害したりする一万人の人々を持っているのだと知るがいい。そして彼には彼の知っていることを口外させるのに、瀝青《れきせい》、もしくは、車輪②はいらない。むしろそういうことがあれば、少女のちょっとしたうなずきが彼をぐらつかせることだろう。皇帝の愛顧、公職や相続の欲望、その他これと似た幾多のものも同じことだ。そこで一般に秘密の話は、誠実や、誠実な考えを必要とするものだということを記憶しておくがいい。ところでこれらのものは、いまどこにたやすく発見されるだろうか。どうか、「私は、私のもの、妨げられないもの、本性上自由なものだけを心している。これは、私の持っている善の本質だ。だが、その他のものは与えられるままだ。それらは私にはどうでもいい」ということのできるような、そういう心境の人を見せてもらいたいものだ。

(1) メディアは、夫イアソンと元来恋で結婚したのであるが、その後イアソンがコリントス王の若い娘と恋をしたので、夫婦仲が悪くなった。彼女は夫の不実の復讐をして、彼とのあいだのふたりの子どもを殺した。

(2) 古代の拷問の方法。白状させるために瀝青（アスファルト）を燃やしたり、車輪で、仰臥して縛られた罪人の手足を引っぱったりして苦しめるのである。

要録

一

一　もろもろの存在のうち、あるものは私たちの権内にあるけれども、あるものは私たちの権内にはない。意見や意欲や欲求や忌避、一言でいって、およそ私たちの活動であるものは、私たちの権内にあるけれども、肉体や財産や評判や公職、一言でいって、およそ私たちの活動でないものは、私たちの権内にはない。

二　そして私たちの権内にあるものは、本性上自由であり、妨げられず、じゃまされないものであるが、私たちの権内にないものは、もろい、隷属的な、妨げられる、他に属するものだ。

三　そこでつぎのことを記憶しておくがいい。もし本性上隷属的なものを自由なものと思い、他人のものを自分のものと思うならば、きみはじゃまされ、悲しみ、不安にされ、また、神々や人々を非難するだろう。だが、もしきみのものだけをきみのものであると思い、他人のものを、じじつそうであるように、他人のものと思うならば、だれもきみにけっして強制はしないだろう、だれもきみを妨げないだろう。きみはだれをも非難せず、だれをもとがめることはないだろう。きみはなにひとついやいやながらすることはなく、だれもきみに害を加えず、きみは敵を持たないだろう、なぜなら、きみはなにも害を受けないだろうから。

四　それで、きみが以上述べたようなだいじなことを目ざしているのであるならば、きみはふつうの気持で、それらのものに携わるべきではなくて、あるものはまったく放棄し、あるものはさしあたり延期せねばならないということを記憶しておくがいい。だが、もしきみがそれらのものを得ようとするとともに、公職についたり、富んだりしようとするのならば、おそらくこれら後者のものさえ、前者を目ざしているために得られないだろうし、また少なくとも前者――それによってのみ、自由や幸福が得られるのだが――は、まったく得そこねるだろう。

五　そこですべて不愉快な心像にたいしては、すぐさま、かくいうように勉強するがいい、「おまえは心像だ、そしておまえは、おまえが見せかけているものとはまるでちがっている」と。それからそれをきみの持っている基準で、つまりそれはなにか私たちの権内にあるものにかかわっているのか、あるいは私たちの権内にないものにかかわっているのかどっちか、というこの第一の、なによりもたいせつなもので、調べたり、吟味したりするがいい。もしなにか私たちの権内にないものにかかわるものならば、「私にはなにもかかわりがない」という答えが、もう手もとにあるわけである。

二

一　心にとめておくがいい、欲求の本領は欲しているものを得るということであり、忌避の本領は避けているものに出会わぬということだ。そして欲求して得そこねる者は不仕合せであり、忌避して出会う者は不幸である。それでもしきみが、きみの権内にあるもののうち、反自然的なものだけを避けるならば、きみはきみが避けているもののなにものにも出会うことはないだろう。だが、もしきみが病気や死や貧乏を避けるならば、きみは不幸になるだろう。

二　だから、すべて私たちの権内にないものを忌避することはやめて、私たちの権内にあるもののうちの、反自然的なものだけを避けるがいい。だが、欲求はさしあたりまったく捨てたまえ。というのは、もしきみが私たちの権内にないもののなにかを欲するならば、必然、きみは不幸にならざるをえないだろうし、また、私たちの権内にあるもののうちで、およそりっぱに欲することのできるかぎりのものは、なにもまだきみの手のとどくところにはないだろうから。だが、意欲と拒否とだけはやってみるがいい。しかし、気軽に、控え目に、ゆったりとやるがいい。

三

喜ばしいもの、有用なもの、もしくは好きなもののすべてにおいて、それがどんなものであるかを、いえるようにしておくがいい。しかももっとも些細《ささい》なことから始めてだ。もし壺《つぼ》が気に入っているのであれば、「私は壺が気に入っているのだ」といいたまえ。なぜなら、そうすれば、それが壊《こわ》れたとき、きみは混乱させられないだろうから。もしきみがきみ自身の妻子とキスするならば、人間とキスしているんだと思うがいい、そうすれば、死んだとき、混乱させられないだろうから。

四

きみがなにか仕事にとりかかろうとするとき、その仕事がどのようなものであるかを、きみ自身思い浮かべてみるがいい。もし入浴しようとして出かけるならば、浴場での出来事、つまり湯をはねかける者、押す者、罵《ののし》る者、盗む者等々を、きみ自身思い浮かべるがいい。そうしてこのようにして、もしきみがすぐ、「私は入浴したい、しかも私の意志を自然にかなっているように保持したいのだ」とつけ加えていうならば、きみはより安全に従事することになるだろう。どの仕事のばあいでも同様である。というのは、かくてもし入浴になにか妨げが起きたならば、「私は入浴だけでなく、私自身の意志を自然にかなっているように保持しようとしたのだ、もし出来事にたいしてぶつぶついうならば、私はそれを保持しないことになるだろう」という答えができているわけだろう。

五

人々を不安にするものは、事柄ではなくて、事柄についての思惑だ。たとえば、死はなんら恐ろしいものではない、そうでなかったら、ソクラテスにもそう思われただろうから。いや、死は恐ろしいという死についての思惑、それが恐ろしいものなのだ。だから、私たちが妨げられたり、不安にさせられたり、悲しまされたりするときは、けっして他人をではなく、自分たち、つまり自分たち自身の思惑を責めようではないか。自分自身不幸なばあいに、他の人たちを非難するのは、無教養な者のすることで、自分自身を非難するのは、教養の初心者のすること、そして他人をも自分をも非難しないのは、教養のできた者のすることだ。

六

自分のものでない長所は、なにも自慢せぬがいい。もし馬が自慢して「私は美しい」といったとするならば、それはがまんできるだろう。だが、きみが自慢して「私は美しい馬を持っている」というならば、きみは馬の優良なことを自慢しているんだと知るがいい。ところで、きみのものはなになのか。心像の使い方だ。したがって、きみの心像の使い方が自然にかなっているとき、そのときこそ自慢するがいい。というのは、そのときは、なにかきみの優良なものを自慢しているのだから。

七

航海の途中、船が陸についたとき、もしきみが水汲《く》みに船からおりるならば、きみは途中道草をくって、小さな貝殻《かいがら》や小さな球根を拾い集めてもいいが、心を船のほうへ向けて、船長が呼びはしないかと、たえず振り返るべきである。そしてもしも呼ばれたならば、それらすべてを放棄すべきである、羊のように縛られて、船に投げ込まれることのないようにだ。

人生においてもそのとおりで、小さな貝殻や小さな球根の代わりに、かわいらしい妻や子が与えられるならば、持ってもさしつかえはないだろう。だが、もし船長が呼ぶならば、それらすべてを放棄し、心惹《ひ》かれずに船にいそぐがいい。だが、もしもきみが老人であるならば、呼ばれたときけっして置き去りにならぬように、船から遠く離れないことだ。

八

出来事が、きみの好きなように起こることを求めぬがいい、むしろ出来事が起こるように起こることを望みたまえ。そうすれば、きみは落ち着いて暮らせるだろう。

九

病気は肉体の妨げではあるが、意志の妨げではない、もし意志自身がそのつもりでなければ。跛行は足の妨げではあるが、意志の妨げではない。きみの出くわすそれぞれのばあいに、このことをつけ加えていうがいい。というのは、それはなにか他の妨げではあっても、きみの妨げではないことがわかるだろうから。

十

きみがなにかに出くわすそれぞれのばあい、自省してみて、きみがそれを片づけるどんな能力を持っているか、探《さが》すように心したまえ。もしきみが美しい男や女を見るならば、きみはそれにたいする自制力を発見するだろう。もし労苦を担《にな》わされるなら、忍耐力を発見するだろう。もし罵詈《ばり》雑言《ぞうごん》されるならば、しんぼう強さを発見するだろう。そしてこのようにして慣れるならば、心像はきみを奪い去らぬだろう。

十一

なにごとにも「私はそれを失った」などと断じていうな。いや、「お返し申した」といえ。子どもが死んだって？　取り返されたのだ。妻が死んだ？　取り返されたのだ。

「地所を奪われました」

では、それも取り返されたのだ。

「しかし、奪った者は悪いやつです」

しかしだ、それを与えたもうた神が、なんぴとをとおして取り返そうと、きみになんのかかわりがあるか。神がきみにそれを与えているかぎり、きみはそれを他人のものとして世話するがいい、あたかも旅人たちがホテルをそうするように。

十二

一　もしきみが進歩したいならば、「私が、私の仕事をおろそかにするなら、私は食いはぐれるだろう」とか、「私が小僧を懲らさなければ、あれは不良化するだろう」とかいったような思案は捨てるがいい。というのは、苦痛も恐怖もなくて餓死するのは、悩みながらあり余って生きるよりもまさっているからだ。また、小僧が不良になるほうが、きみが不幸であるよりもましだ。

一二　そこで小さなことから始めるがいい。ちょっぴり油がこぼれた、ちょっぴり酒が盗まれた。「ものに動じない心は、それだけの値段で売られるのだ、平静はそれだけの値段で売られるのだ」というがいい。なにごともただでは生じない。きみが小僧を呼ぶときに、聞こえないこともありうるし、また、聞こえても、きみの欲することをなにもしないこともありうるということを、考えておくがいい。むしろ彼は、きみの平静を左右しうるほどけっこうな身分ではないのだ。

十三

きみが進歩したいならば、外物において馬鹿《ばか》で分からず屋だと思われても、甘んじていたまえ、なにか知っているなどと思われたがるな。きみがだれかにひとかどの者であるように思われるばあいでも、きみ自身を信用しないがいい。というのは、知っておいてもらいたいが、きみ自身の意志を自然にかなうように見まもり、同時に外物を見まもるということは、なまやさしいことではなく、むしろ一物に気をくばる者が、他物をおろそかにするということは、まったく必然だからだ。

十四

一　もしきみがきみの妻子やきみの友人をいつまでも生きさせたいのなら、きみは愚か者だ。なぜかというに、きみは、きみの権内にないものをきみの権内にあるようにしたがり、他人のものをきみのものであるようにしたがるからだ。このようにして、もし小僧に過失のないようにしたいのならば、きみは馬鹿者だ。なぜなら、悪徳を悪徳でなく、他のなにかであるようにしたがるからである。だが、もし欲求して失敗したくないならば、それはできる。だから、きみのできることを練習するがいい。

二　それぞれの人の欲し、もしくは欲しないものについて、その人に得させたり、取り去ったりする権力を持っている者は、それぞれの人の主人である。したがって自由でありたい人は、他人の権内にあるなにかを欲したり、避けたりせぬがいい。もしそうでなければ、奴隷とならざるをえないだろう。

十五

きみは饗宴《きようえん》においてのようにふるまうべきだ、ということを記憶しておくがいい。あるものが回ってきみのところに来た、手を伸ばして行儀よく取りたまえ。通過した、引きとめるな。まだ来ない、遠方から欲求を投げかけるな、いや、きみのところへ来るまで待つがいい。子どもにたいしてもそのように、女にたいしても、公職にたいしても、富にたいしても、そのようにするがいい。そうすれば、他日きみは、神々の饗宴に列する資格ある者となるだろう。だが、もしきみがきみのところにおかれたものを取らないで見過ごすならば、そのときはただに神々の饗宴仲間であるばかりでなく、なおまた、神々といっしょに支配する者であるだろう。というのは、ディオゲネスやヘラクレイトスやそのような人々は、そのように行動して、正当に神的であったし、またそういわれていたからだ。

十六

子どもが旅立ったとか、自分の財産を失ったとかして、ひとが泣き悲しんでいるのをきみが見たら、きみがその心像に奪い去られて、その人は外的事物のために不幸なのだ、などと思わぬように注意したまえ、いや、すぐさま、「この人を悩ませているのは出来事ではなくて、〔というのは、他の人を悩ませていないのだから〕それについての思惑なのだ」と言うことを心がけておきたまえ。だが、ことばの及ぶかぎりは、その人に同情することをためらうな。そしてそういうばあいがあれば、いっしょに嘆くのもよかろう。だが、心底から嘆くことのないように、注意するがいい。

十七

記憶しておくがいい、きみは劇作家の欲するような演劇の俳優である、作家が短いのを欲するなら短い劇の、長いのを欲するなら長い劇の。もし作家がきみに乞食《こじき》を演じさせようとしているのなら、それを似つかわしく演ずるようにしたまえ。演ずる役が跛行の人間でも、役人でも、私人でも、同じことだ。というのは、きみの仕事は、与えられた役をりっぱに演ずることであるが、それを選ぶことは、他者である神の仕事であるからだ。

十八

烏《からす》が縁起の悪い鳴き方をしたとき、きみはその印象に負けぬようにするがいい。いや、さっそくきみ自身にけじめをつけて、そうして、「これらのものは、なにも私にたいして予告しているのではなく、私の小さい肉体か、私のわずかな財産か、私のちょっとした評判か、もしくは妻子にたいして予告しているのだ。だが、私にたいしては、もし私が欲しさえすれば、すべて縁起のいいことを予告しているのだ。なぜかというと、これらのなにがやってこようと、それから利益を受けることは、私のできることだから」というがいい。

十九

一　もしきみが、きみにとって勝つことのままにならないどんな勝負にも加わることがないならば、負けることはありえない。

ニ　名誉の高い人とか、非常に有力な人とか、その他評判のいい人を見たとき、その心像に奪い去られて、彼を幸福であると褒《ほ》めることのけっしてないようにするがいい。というのは、もしも善の本質が私たちの権内にあるもののなかにあるならば、羨望《せんぼう》や嫉妬《しっと》の生ずる余地はないだろうから。そしてきみ自身は、将軍とか執政官とか知事とかになろうとはしないで、自由人になりたがるだろう。自由にいたる唯一の道は、私たちの権内にないものを軽蔑《けいべつ》することである。

二十

記憶しておくがいい、きみを侮辱するものは、きみを罵《ののし》ったり、なぐったりする者ではなく、これらの人から侮辱されていると思うその思惑なのだ。それでだれかがきみを怒らすならば、きみの考えがきみを怒らせたのだと知るがいい。だから第一に、心像に奪い去られぬようにしたまえ。なぜなら、もしきみがひとたび考える時間と猶予とを得るならば、容易にきみ自身に打ち勝つだろうから。

二十一

死や、追放や、すべて恐ろしく思われるものを、毎日目《ま》のあたりに思い浮かべるがいい、すべてのうちでとりわけ、死を。そうすれば、きみは、けっしてなにも卑しいことを考えぬだろうし、また、度を越えてなにかを欲張ることもないだろう。

二十二

もしきみが哲学に志すならば、笑いものにされたり、多くの人からからかわれたり、また彼らから、「あいつは突然、哲学者になりすまして、私たちのところに帰ってきた」とか、「どこからあいつは、私たちのところへあの高慢ちきな顔をぶらさげてきたのか」などといわれたりすることを、即座に覚悟しておきたまえ。だが、きみは高慢ちきな顔はするな。しかし、きみにいちばんいいと思われることについては、神からその場へ配置されたかのように持するがいい。もしきみが同じ態度を保つならば、まえにきみを笑いものにした人々は、あとできみを驚嘆するだろう。だが、もしきみが彼らに負けるならば、二重に笑われることになるだろうということを、記憶しておくがいい。

二十三

ひとの気に入りたいという気持から、外部に心惹《ひ》かれるということが、もしきみに、いちどでもあるならば、きみの計画は、ご破算だと知るがいい。それで、すべてのばあい、哲学者であることで満足したまえ。だが、ひとからもそう思われたいのならば、きみ自身にそう思われるようにするがいい、そうすれば、それで十分であろう。

二十四

一　「私は名誉もなく生きることだろう、そしてどこにおいても、ものの数でないだろう」という物思いで、きみは煩わされることのないようにするがいい。というのは、たとえ名誉のないことが悪いとしても、きみが他人によって悪に陥ることはありえないわけで、それは、他人によって恥辱に陥ることがありえないのと同様だからだ。してみると、公職を得たりごちそうに招待されたりすることは、きみの仕事じゃあるまいね。けっしてない。そうすると、どうしてさらにそれが不名誉であろうか。またどうしてきみが、どこにおいても、ものの数でないことがあろうか。きみはきみの権内にあるものにおいてだけは、ひとかどの者でなければならぬし、また、その点においてもっとも値打ちある者であることができるのだ。

二　「しかし友人たちは、あなたから援助を得られないでしょう」

援助を得られないとは、どういう意味か。彼らはきみから小銭はもらえないだろう、また、きみは彼らを、ローマ市民とすることはないだろう。そうすると、だれがきみに、これらのものは私たちの権内にあって、他人の仕事でない、といったのか。また、だれが自分の持っていないものを、他人に与えることができるのか。

「それではもうけましょう、私たちが所有するように」とその人がいう。

三　もしわしのつつしみや、誠実や、高潔な心を保持しながら、もうけることができるならば、その道を示してもらいたいものだ、そうすれば、わしはもうけるだろう。だが、きみたちが善《よ》くないものを得るために、わし自身の善いものを失うように、もしきみたちがわしに要求するならば、きみたちがいかに不正当であり、無考えであるかを見るがいい。きみたちはどちらのほうを欲するか。わずかの金銭をか、それとも、誠実なつつしみのある友人をか。それならば、むしろ後者のためにどうか援助してくれたまえ。そしてちょうど、それらをわしが失う原因となるようなことをするように、わしに要求しないでくれたまえ。

四　「しかし祖国は、私にかんするかぎり、援助は得られないでしょう」とその人がいう。

ふたたび尋ねるが、その援助とはどんなものなのか。柱廊や浴場はきみによって得られないだろう。しかし、それがなんだというのか。というのは、靴《くつ》は鍛冶屋《かじや》からは得られないだろうし、また、武器は靴屋からは得られないだろうから。だが、もし各人がそれぞれの本分を満たすならば、それで十分だ。もしきみが他人を祖国のために誠実なつつしみのある市民とするならば、きみは祖国のためになにも役に立たないだろうか。

「役に立ちます」

そうするときみ自身は、祖国に無用ではないだろう。

五　「それでは、都市で私は、どんな地位を占めるでしょうか」とその人がいう。
誠実とつつしみとを守りながら、同時にどんな地位でも占めることができるだろう。だが、きみが祖国のために役立とうと欲しても、それらを失うならば、恥知らずで不誠実になっているのだから、どうして国家に役立つことができるだろうか。

二十五

一　饗応《きょうおう》において、挨拶《あいさつ》において、あるいは相談に招かれるばあいに、ひとがきみよりも重んぜられたというのか。それらのことがもしも善《よ》いことであるならば、その人がそれらのことを得たことを、きみは喜ばねばならない。だが、もし悪いことであるならば、きみがそれらを得なかったことに腹を立てぬがいい。私たちの権内にないものを得るために、もしきみがひとと同じことをしないならば、きみはひとと等しいものを要求することはできないということを、記憶しておくがいい。

二　ある人の家にしげしげとご機嫌《きげん》伺いしない者は、いったいどうしてご機嫌伺いする者と等しい愛顧を受けることができるだろうか。またお供しない者が、お供する者と、褒《ほ》めない者が、褒める者と、どうして等しく愛顧を受けることができるだろうか。それでもしきみがそれらのものとひきかえに売る代価も支払わないで、只《ただ》でそれらのものを得ようとするならば、きみは不正で、欲張りであるだろう。

三　さて、レタスはいくらするか。まあ、一オボロス[1]としておこう。すると、ひとがその一オボロスを支払ってレタスを受け取るのに、きみが支払いもせず、受け取りもしないならば、受け取った者よりも損だ、などと思わぬがいい。というのは、前者がレタスを持っているように、きみは支払わなかったその一オボロスを持っているからだ。

四　この人生においても同様である。きみがある人の饗応に招待されなかったというのか。それは招待してくれる人に、ごちそうしてくれるに値するだけのことをしなかったからだ。彼はお世辞とひきかえにそれを売るのであり、お世話とひきかえにそれを売るのだ。それでもしそれがきみに得《とく》なら、売ってくれるだけの価格を支払うがいい。だが、もしきみがそれを支払おうとしないで、それを得ようとするならば、きみは欲張りで、馬鹿だ。

五　ところで、きみは食事の代わりになにも持たないのか。きみにはきみの好かないその男を褒めないですんだということがあり、門番どもの生意気をしんぼうしないですんだということがあるわけだ。

(1) 一オボロスは、古代ギリシアの小貨幣。

二十六

自然の意志は、私たちおたがいが、意見を異にしていない事柄から学ばれる。たとえば、よその小僧がコップをこわしたとき、私たちは「それはよくあることだ」と即座にいえる。それでだ、いいかね、きみのコップがこわれたときも、他人のがこわれたときと同じように対処せねばならないのだ。もっとだいじなことにも、そのように当てはめるがいい。よその子どもか妻女が死んだ、「人間の運命だ」といわない者はだれもいない。しかし、自分の妻子が死んだときには、すぐさま、「ああ、不幸な私」というのだ。だが、他の人々にかんしてそのようなことを聞いたときは、私たちはどんな気持をいだくか、思い出さねばならない。

二十七

的は命中しないためにおかれるのではない。ちょうどそのように、本来、悪というものは宇宙にはないのだ。

二十八

もしひとがきみの身体《からだ》を行き当たりばったりの人に委《まか》せるならば、きみは立腹するだろう。だがきみは、きみ自身の心を出会う人に委せ、もしその人が罵るならば、それできみは悩まされたり、動揺させられたりしているが、きみはそのために恥ずかしくないか。

二十九

一　それぞれの活動において、その先立つこととその結果とを考察し、それから、それにとりかかるがいい。もしそうでなければ、そのつぎのことはなにも考えていないのだから、はじめは勇んでやっても、あとでなにか困難なことがあらわれると、醜態を演じて離れてしまうことになるだろう。

二　きみはオリンピックで勝ちたいのか。そりゃわしだって、神々に誓って、勝ちたいがね。すてきなことなんだから。しかし、その先立つことと結果することとを考察し、そしてそのようにして、それにとりかかるがいい。きみは秩序に従わねばならぬ、厳重な食生活をせねばならぬ。菓子は遠ざけ、定められた時間は、暑くとも寒くとも、無理に鍛えねばならぬ。冷水を飲んでもいけないし、また、酒を飲んでもいけない、たとえ飲みたいときでも。要するに、きみは医者に委せるように、きみ自身を監督者に委せねばならない。それから競争においては、穴を掘って(1)はいらねばならないし、また、あるときは手の脱臼《だっきゅう》を起こしたり、踝《くるぶし》を捻挫《ねんざ》したり、たくさんのほこりを吸うこともあるし、ぶんなぐられることもある。そしてこれらすべてのあとで負けるのだ。

三　これらのことを考察して、それでもなお欲するならば、競技をやるがいい。しかしそうでなければ、きみはまるで子どもが、レスリングをやったり、剣闘をやったり、ラッパを吹いたり、そのつぎには芝居ごっこをしたりするようにふるまうことになるだろう。かくて、きみもあるときは競技者であり、あるときは剣闘家であり、つぎには弁論家であり、つぎには哲学者であるが、しかし、全心からしてはなにものでもないのだ。むしろ猿《さる》のように、見る光景はなんでもまねし、そしてつぎつぎと他のものがきみの気に入るのだ。なぜかというに、きみは考察して事にとりかかったのでもなければ、各方面から吟味してでもなく、むしろでたらめに、なまぬるい気持でとりかかったからだ。

四　かくて、ある人たちは、哲学者を見たり、だれかがエウフラテス②のように話すのを聞いたりすると、彼らも哲学をしようとするのだ〔とはいえ、だれが彼のように話すことができるだろうか〕。

五　ねえきみ、まず事柄の真相を考察するがいい、それからきみがそれに堪えられるかどうか、きみ自身の性分を見るがいい。きみは五種競技者③、もしくはレスラーになろうとするのか。きみ自身の腕や腿《もも》を見るがいい、腰を観察するがいい。本来、ひとがちがえばその向きもちがうものだ。

六　きみは哲学をやりながら、いままでと同じように食ったり、同じように飲んだり、同じように怒ったり、同じように不満だったりすることができると思うか。きみは徹夜せねばならない、また骨折って働き、身内の者たちから離れ、小僧からは軽蔑《けいべつ》され、会う人々からは笑われ、名誉においても、公職においても、法廷においても、すべてのちょっとしたことにおいても、万事ひけをとらねばならない。

七　きみはこれらのものを、ものに動じない心や、自由や、平静と交換するつもりかどうか、これらのことを考察してみるがいい。もしそうでなければ、哲学に近づくな。子どものように、いまは哲学者、あとでは税関吏、それから弁論家、それから皇帝任命の知事になろうなどとするな。これらのものは調和しない。きみは善人であるか、悪人であるか、いずれか一個の人間でなければならない。あるいはきみ自身の指導能力を完成するか、外的なものを完成するかでなければならない。内的なものか、外的なものに技《わざ》をこらさねばならない。つまり哲学者の立場を保持するか、ふつうの人の立場を保持するかでなければならない。

(1)　格闘士がおたがいの体をつかまえやすくするためにほこりをかぶる、そのための穴らしい。
(2)　ストア学派の哲学者である。
(3)　『語録』第三巻一章注(1)を参照。

三十

ふさわしい行為は、通例、対他的関係で決まるものだ。この人はきみの父である。すると面倒を見、すべてに譲歩し、そして罵られても、なぐられても、しんぼうせねばならぬというわけだ。

「しかし、彼は悪い父です」

そうするとまさかきみは、自然によって、善《よ》い父と結びつけられたのじゃあるまいね。いや、ただ父と結びつけられたというまでだろう。

「私の兄弟は不正をします」

では、彼にたいするきみ自身の位置を保持するがいい。彼がなにをしているかは考慮しないで、きみがなにをするとき、きみの意志が自然にかなうことになるかを、考えるがいい。というのは、もしきみが欲しないならば、他人はきみを傷つけないだろうから。だが、傷つけられているときみが考えるとき、そのときこそ、きみは傷つけられていることになるのだ。かくて、もし関係を見るのに慣れるならば、このようにしてきみは、隣人から、市民から、将軍から、彼らにたいするふさわしい行為（＝義務）を発見することだろう。

三十一

一　神々にたいする敬虔《けいけん》のなかで、いちばん肝要なことは、つぎのことだと知るがいい。一つは、神々について、彼らが存在し、そして宇宙を美しく、正しく支配しているという、正しい考えを持つことであり、もう一つは、彼らに服従するようにきみ自身を配置し、すべての出来事に譲歩し、それは最高の知によっておこなわれているのだと考えて、みずからすすんでそれらに従うという、正しい考えを持つことだ。というのは、そのようにすれば、きみは神々を非難することもなかろうし、また無視されていると苦情をいうこともなかろうから。

二　しかし、このことは、きみが私たちの権内にないものからは退いて、私たちの権内にあるものにのみ善悪をおくのでなければ、できないことだ。というのは、もし前者に属するなにかを善いとか悪いとか思うならば、きみが欲するものを得そこねたり、欲しないものに出会うばあいには、どうしてもその原因である人たちを非難したり、憎んだりせざるをえなくなるだろうからだ。

三　本来すべての動物は、一方では、有害に見えるものや、それらの原因となるものは逃げて避けるが、他方では、有益なものや、それらの原因となるものは追っかけて驚嘆するようにできているのである。それでひとが害を受けていると思うとき、加害者と思うものを喜ぶことは不可能だ。それはちょうど、害そのものを喜ぶことができないようなものである。

四　そこから、父といえども、もし善いと思われるものを子どもに与えぬときは、子どもから罵られるのだ、そしてポリュネイケスとエテオクレス[1]とをたがいに敵であるようにしたのは、独裁権を善いものと思うこと、そのことなのだ。

このゆえに百姓も神々を罵り、このゆえに船頭も、商人も、妻子を失った人々も、神々を罵るのである。というのは、ご利益《りやく》のあるところ、そこに信心もあるのだからだ。したがって、しかるべき欲求と忌避とに心を用いている者はだれでも、同時に信心にも心を用いているものだ。

五　お神酒《みき》をそそいだり、犠牲《いけにえ》を捧げたり、祖先の風習に従って初物をあげたりするには、そのつど、祖先の風習に従って、清らかで、ぞんざいでも不注意でもなく、またやぶさかでも、身分不相応でもないがよろしい。

(1) ポリュネイケスとエテオクレスとは、ともにオイディプス王の子で、父が王位を去ってから、王位を争った。

三十二

一　きみは占いをしてもらうとき、記憶しておくがいい、どんな結果が出るかきみは知らない、むしろ占者からそれを聞くために来ているのだ、しかし、それがどんな性質のものであるかは、もしきみが哲学者であるならば、来るときすでに知っているはずだ、と。というのは、もしそれが私たちの権内にないものならば、当然、それは善でも悪でもないからだ。

二　それで占者のところへは、欲求もしくは忌避は持って行かぬがいい。また、彼のところへ震えながら近づくな。いや、将来の出来事はすべて善悪無差別で、きみにたいしてなにものでもないということ、また、それがどのようなものであろうと、それは自分のためにりっぱに用いられるし、また、それをなんぴとも妨げないだろうということをよく知って、近づくがいい。したがって、忠告してくれる人たちのところへ行くように、元気よく神々のところへ行きたまえ。そしてけっきょく、なにかがきみに忠告されたとき、きみはだれを忠告者としていたわけなのか、そして忠告に従わないならば、きみはだれに服従しないことになるのか、記憶しておくがいい。

三　ソクラテスが主張していた[1]ように、どう考えても、結果いかんにかかわっているばあい、しかも理性からも、なにか他の技術からも、その問題になっている事柄を知る方法がないばあいにのみ、占ってもらいに行くがいい。したがって、友人や祖国と危険をともにすべきであるならば、危険をともにすべきかどうかを、占ってもらうな。というのは、もし占者が、犠牲[2]に凶と出ているときみに知らせるならば、それは明らかに、死とか身体《からだ》のある部分の損傷とか、あるいは追放が意味されているのだからである。しかし、理性はこれらをもってしても、友人に味方し、祖国と危険をともにすることを要求する。偉大なる占者ピュティアに注意するがいい、彼は友人が殺されたとき、助けなかった者を、その寺から追い出したのだ。[3]

（1） クセノポン『ソクラテスの思い出』第一巻第一章第九節。
（2） 犠牲にされた動物の臓物の位置によって、吉凶を占うのである。
（3） ふたりの友人がデルポイに旅をしたとき、途中で盗賊に出会って、ひとりは殺され、ひとりは逃げた。その逃げた者がデルポイで神託をうかがうと、その返事は、当のその男を寺から追い出すように、ということであった。

三十三

一 きみはいますぐ、きみ自身のために、きみのあり方と生き方とを決めておいて、それをきみ独《ひと》りのときでも、人々と会うときでも、守るがいい。

二 たいていのばあいは沈黙せよ、それとも、やむをえないことは話せ、しかもわずかのことばで。たまには、それも話すように求められているときには話すがいい、しかし、ありふれたことはなにも話すな。剣闘・競馬・競技・飲食、また、いつも話されるようなことについては話すな、とりわけ人々については、非難するのでも、賞賛するのでも、比較するのでも、話すな。

三　それでもしきみができるならば、きみの言論によって、居合わせている人々の言論を、適当なことへ導くがいい。だが、見知らぬ人々のなかで孤立するようなことがあれば、沈黙せよ。

四　大笑いするな、多くのことに笑うな、しまりなく笑うな。

五　誓いは、できるならば、すべてのばあいにわたって避けるがいい、そうでなければ、できる範囲で避けよ。

六　外部の人々や、ふつうの人たちとの宴会は、断わるがいい、だが、そういうときがあるならば、無教養なことにけっして陥らぬように、注意せよ。けだし仲間が汚れていれば、当人はひょっとしてきれいでも、彼とつきあう者は、いっしょに汚れざるをえないからだと知るがいい。

七　肉体にかんするもの、たとえば、飲食物・着物・住家、また召使いなどは、最低必要限度とするがいい。見せびらかしのもの、あるいは贅沢《ぜいたく》なものは、すべて退けたまえ。

八　情欲にかんしては、結婚まえは、できるだけ清くなければならない。だが、もしかかわるならば、法律にかなった仕方で関係せよ。だがしかし、耽《ふけ》る人々にたいしては、不愉快がったり、非難がましかったりするな、また、自分が耽らぬことを、どこででも、いいふらすな。(1)

九　もしひとがきみに、だれそれがきみを悪《あ》しざまにいったと告げ口するならば、話されたことにたいして弁明しないで、「じっさい彼は、私の他の欠点を知らなかったのだ、そうでなければ、それらのことだけを話しはしなかっただろうから」と答えよ。

一〇　芝居に行くということは、だいたい必要のないことだ。だが、もし行く機会があっても、きみ自身以外のなんぴとにも、一所懸命にならぬがいい、つまりただ起こることだけが起こり、ただ勝つ者だけが勝つことを欲するがいい。というのは、かくすればきみは、じゃまされないだろうから。叫ぶこと、ひとを笑うこと、ひどく興奮することはまったくつつしめ。そして芝居がはねてからのち、出来事については、およそきみの改善に役立たぬようなことは、おしゃべりするな。というのは、このようなことから、きみがその見世物に感心したということを、暴露するからだ。

一一　人々の朗読会[2]には、でたらめに、できごころからは行かぬがいい。だが行ったならば、落ち着いて静かにし、同時にひとの迷惑とならないように注意せよ。

一二　きみがある人に、とくに非常にすぐれていると思われている人に会おうとするとき、もしソクラテスかゼノンならば、このばあいどうしただろうか、ときみ自身に想像してみるがいい、そうすれば、きみはそのばあいに、適切なことをするのに困りはしないだろう。

一三　だれか非常に有力な人をたずねるとき、その人が留守であったり、玄関払いを受けたりすること、また鼻先で戸がぴしゃりとしめられたり、きみが問題にされなかったりするだろうことを思い浮かべよ。しかし、もしそれらの考えをもってしてもなお行くべきであるなら、行って出来事を忍べ。そしてけっして自分自身にたいして、「それだけの値打ちがなかった」などといわぬがいい。というのは、それはふつうの人のやることであり、外部のことにいらいらする者のやることだからである。

一四　会話において、きみ自身の行為や、出くわした危険を、たくさん、度を越えて述べることは避けたがいい。なぜかといえば、きみの冒険を思い出すことは、きみには愉快でも、きみの出くわしたことを聞くことは、他の人々にも愉快だとはかぎらないからだ。

一五　また、笑わせるのも避けたがいい、それは無教養なことになりがちな仕方であるし、また同時に、隣人たちのきみにたいする尊敬を弱めるに足るからだ。

一六　また、恥ずべき話に陥ることも危険だ。それでなにかこのようなことになったとき、もしいい機会があれば、話をそこへ導いた人を非難するがいい。もし機会がなければ、沈黙したり、赤面したり、しかめ面をして、その話が気に食わぬことを明らかにするがいい。

① この一節はシェンクルによる。底本にはない。
② 作者が新作品を出したとき、公的に朗読会を開いた。

三十四

きみがなにか快楽の心像を思い浮かべるとき、他の心像のばあいと同じように、それによって奪い去られぬように、きみ自身を守るがいい。いや、事の執行を待たせるがいい、そしてきみ自身からちょっと猶予してもらうがいい。それから、その快楽に費やすであろう時間と、費やしたのち、後悔し、われとわが身をさいなむであろう時間と両方の時間を、考察してみるがいい。そしてそれら二つを比較してみて、もしきみがそれを遠ざけたら、どんなにきみは気持よく、そして自画自賛することだろうか。その行為にとりかかるべきときだと思われても、きみはその甘いものや快いもの、また魅力的なものに負けないように、注意したまえ。いや、きみがこの勝利をかち得たという意識は、どんなに好ましいものであるかを、対抗させるがいい。

三十五

なさねばならぬと決断して、きみがなにかをするとき、たとえ多くの人々が、それについてなにかちがったことを考えようとも、それをするのを見られまいと避けてはならない。もしきみのすることが正しくないならば、その行為そのものを避けたがいい、だがもし正しければ、正しくないと非難する人々をなんで恐れるか。

三十六

「昼である」というのと、「夜である」というのとは、どちらか一方を選ぶというのなら、おおいに意味があるが、結びつけるというのなら、意味がない。ちょうどそのように、大きいほうの分け前を選び取ることは、肉体には価値あるが、食事のさい、しかるべき社交的礼節を守るのには、価値がない。それで他人と食事をともにするときは、ただ出されたものの肉体にたいする価値だけを見ないで、主人にたいする尊敬を保持することも、記憶しておくがいい。

三十七

もしきみがきみの力量を越えたなにかの役を引き受けるならば、きみはそのことにおいて、ぶざまであると同時にまた、きみの果たしうる役をおろそかにしたのだ。

三十八

きみは歩行において釘《くぎ》を踏んだり、きみの足を捻挫《ねんざ》したりしないように注意するごとく、きみ自身の良心をそこなわないように注意するがいい。もし私たちが、それぞれの行為においても、このことを注意するならば、私たちはより安全に行為にとりかかることができるだろう。

三十九

各人の肉体が彼の所有の尺度であるのは、ちょうど足が彼の靴の寸法であるようなものである。それでもしきみがこの限度にとどまるならば、きみはこの正しい尺度を守ることになるだろうが、もし踏み越えるならば、けっきょく、いわば、絶壁から転落せざるをえないわけだ。ちょうど靴のばあい、もし足という限度を越えるならば、鍍金《めっき》した靴となり、つぎには深紅色の靴となり、つぎには刺繡《ししゅう》を施した靴となるようなものだ。けだし、いちど尺度を越えれば、限界がないからだ。

四十

女たちは十四歳から、もう、男たちによって婦人と呼ばれる。そういうわけで、彼女らがほかになにもすることがなく、男たちと結婚するだけだということがわかると、[1]おめかしを始めて、そのことに全希望をいだくようになる。それで、行儀よくつつしみ深く見えること以外は、なにも尊敬されないということを、彼女らに気づかせるように注意すべきだ。

(1) 「そういうわけで」からここまで、他のテクストによって補って読んだ。

四十一

肉体にかんする事柄で時間を費やすこと、たとえば、長時間運動をしたり、長時間食ったり、長時間飲んだり、長時間排便したり、長時間交接したりすることは、知恵のないしるしだ。ひとはこれらのことを片手間になさねばならぬ。きみの全注意は心に向けたまえ。

四十二

ひとがきみに悪いことをしたり、きみを悪《あ》しざまにいったりするときは、当人はそれが適当だと思って、そうしたりいったりするのだ、と記憶しておくがいい。彼は、きみが正しいと思うことに従うことができないで、彼自身に正しいと思われることに従うのである。したがって、もし彼がまちがっているならば、彼こそ傷つけられているのだ。というのは、彼は欺かれているのだから。なぜかというと、真なる結合判断をひとが偽りと思うならば、結合判断が傷つけられるのではなくて、その欺かれた人が傷つけられるのだからである。それでこのような考え方からすると、きみは罵《ののし》る人にたいしてやさしくあることができるだろう。すべてのばあいにおいて、「彼にそう思われたのだ」というがいい。

四十三

すべての事柄には、二つの柄《え》があって、一方では持ち運べるが、他方では持ち運べない。もしも兄弟が不正をするならば、彼が不正をするというほうからは取るな「それは持ち運べないほうの柄であるから」、いや、むしろ彼は兄弟だ、いっしょに育った者だというほうの側から取るがいい。そうすればきみは、それを持ち運べるほうから取ることになるだろう。

四十四

つぎのような推論、「私はきみよりも裕福である、したがって私はきみよりもすぐれている」とか、「私はきみよりも雄弁である、したがって私は君よりもすぐれている」というのは、筋がとおらない。だがつぎの推論、「私はきみよりも裕福である、したがって私の財産はきみのよりもまさっている」とか、「私はきみよりも雄弁である、したがって私の演説はきみのよりもすぐれている」というほうが、むしろ筋がとおっている。だがきみは、財産でもなければ、演説でもない。

四十五

ある人の入浴の仕方が速いならば、「彼は悪い」といわずに、「彼は入浴の仕方が速い」といいたまえ。ある人が酒をたくさん飲むならば、「彼は悪い」といわずに、「彼はたくさん酒を飲む」といいたまえ。きみは彼の考えを詳しく知るまえに、悪いかどうかをどこから知るか。以上述べたようにするならば、あるものの明晰《めいせき》な心像を得ていながら、別のものに承認を与えるというようなことにはならないだろう。

四十六

一　どんなばあいでも、きみはきみ自身を哲学者というべきでもないし、また、ふつうの人々のなかで、多く理屈をいうべきでもない、いや、理屈のとおることをなすがいい。たとえば宴会では、どういうふうに食うべきかを話さないで、食うべきように食うがいい。というのは、覚えておきたまえ、ソクラテスは見せかけというものをまったく無視していたので、人々が彼から哲学者たちに紹介してもらいたがって彼のところへやってくると、彼は彼らを案内して行ったほどだった。このように、彼は無視されるのをしんぼうした。

二　もしふつうの人々のなかで、なにか理屈の話が出たら、おおかたは沈黙しているがいい。というのは、きみは消化していないものをすぐ吐き出す大きな危険があるからだ。そしてひとがきみに、きみはなにも知らぬといっても、きみが嚙《か》みつかなければ、そのときこそ哲学がものになり始めたのだと知るがいい。というのは、羊は秣《まぐさ》を羊飼いのところへ持ってきて、自分がどれほど食ったかを見せはしない、むしろ餌《え》は内部に消化して、外部へ羊毛や乳をもたらすからだ。だからきみも、理屈をふつうの人たちにならべないで、むしろ消化したそれらのものに基づく行動を示すがいい。

四十七

きみが肉体の点でつましい物入りですませるとき、それを自慢せぬがいい、もしきみが水を飲んでいるならば、どんなばあいでも、水を飲んでいる、などといわぬがいい。また、もしきみが苦行をしようとするならば、きみ自身のためにやりたまえ、外部に見せるためにやるな、彫像は抱かぬがいい。しかしひどく渇《かわ》いたならば、冷水を口にして、吐き出したまえ、そしてだれにもいうな。

四十八

一　ふつうの人の立場や特質――それは、彼が利害をけっして自分自身から期待しないで、外界から期待するということである。哲学者の立場や特質――それは、彼がすべて利害を自分自身から期待するということだ。

二　進歩した者のしるし――それは、彼がなんぴとをもとがめず、なんぴとをも褒《ほ》めず、なんぴとをも非難せず、なんぴとをも責めず、自分自身についてひとかどの者であるかのようにも、なにかを知っているかのようにも話さないことである。ひとになにかじゃまされたり、妨げられたりするときは、彼は自分自身を責める。ひとが彼を褒めても、彼は心のなかではその褒めた人を笑い、また非難されても、弁解しない。彼は病気あがりの人のようにしずしずと歩いて、しっかりするまで、回復したものを動揺させないように注意する。

三　彼は欲求はまったく放下《ほうげ》し、忌避は私たちの権内にあるもののうち、自然に反したものだけにかぎる。彼はすべてにたいして、ほどほどに意欲する。馬鹿で無学と思われても、彼は気にしない。一言でいえば、敵や裏切者にたいするように、自分自身にたいして用心するのである。

四十九

ひとが、クリュシッポス①の書物を理解したり、解釈したりすることができるのを、自慢するとき、自分で自分にいうがよい、「もしクリュシッポスが不明瞭《ふめいりよう》に書かなかったら、この人は自慢するものがなにもなかったろう」と。

ところでわしは、なにを欲しているのだろうか。自然を学び、自然に従うことだ。それでわしは、解釈してくれる人はだれか、さがしているのだ。そしてそれがクリュシッポスであることを聞くと、わしは彼の書いたものを調べに行くのである。しかし、彼の書いたものがわからない、そこでわしはそれを解釈してくれる人をさがす。それまではなにも自慢するものがない。だが、解釈してくれる人を見つけると、残るところはその教えを実行するということである、これこそまさにただ一つの自慢すべきものなのだ。だが、もしわしがこの解釈の仕方だけを感心しているならば、わしは哲学者となる代わりに、読み書きの先生となったのでなくてなんだろうか。ただホメロスの代わりに、クリュシッポスを解釈するというちがいだけだ。それでひとがわしに、「どうかクリュシッポスを読んでください」というとき、もしわしが、その言論と一致し調和する行為を示すことができないならば、むしろわしは赤面するだろう。

(1)『語録』第二巻八章注(11)を参照。

五十

およそ規定されたこれらのことは、法律を守るように守るがいい、もし踏み越えるならば、冒《ぼう》瀆《とく》と思え。だが、きみについてひとのいうことは気にせぬがいい。というのは、それは、もはやきみの仕事ではないからだ。

五十一

一　それをなせばきみ自身もっとも善《よ》いものに値すると思うことや、なにごとにおいても理性が決めたことは犯さないということを、きみはなおいつまで延ばすのか。きみは、きみの実行すべき教説を受け入れて、そうしてそれに賛成した。ところできみは、なおどのような先生を待っていて、彼にきみ自身の改善をお委《まか》せしようとするのか。きみはもう若者ではなくて、すでに一人前の大人《おとな》なのだ。いまもしきみが、不注意で、かるはずみで、きみ自身に注意する日を、つぎつぎと定めて、いつも延期に延期を重ねるならば、きみ自身はそれと気づかずに、進歩することなく、生きても死んでも、ただの凡人として終わることだろう。

二　だからきみ自身、もう、できあがった、進歩した者として生きることを、甲斐《かい》あることと思うがいい、そしてすべて最善と思われるものを、きみにとっての不可侵の法則とするがいい。もしなにか苦労や快楽、名誉や不名誉がやってくるならば、記憶しておくがいい、いまこそ競争であり、もうオリンピックの競争なのだ、もう延期はできない、しかもたった一日と一事で、進歩がだめになるか助かるかなのだ、と。

三　ソクラテスはかくて完成の域に達した、そして自分に出くわすすべてのことにおいて、理性以外のなにものにも注意しなかった。きみはたとえまだソクラテスでないとしても、少なくともソクラテスたらんとしているかのように生きるべきである。

五十二

一　哲学のうちで第一の、そしていちばん必要な部分は、たとえば嘘《うそ》をつくなというような、教説の実行にかんする部分である。第二の部分は、その証明にかんする部分で、たとえば、どうして嘘をつくべきでないか、というごときである。第三は、それら自身にかんする、確実で区別的な部分、たとえば、これが証明であるのはどうしてであるか、いったい証明とはなんであるか、帰結とはなんであるか、矛盾とはなにか、真とはなにか、偽とはなにか、というごときである。

二　ところで第三の部分は、必然、第二の部分のためで、第二の部分は、第一の部分のためのものだ。しかしもっとも必要で、そこにとどまるべきものは、第一の部分だ。だが私たちは、あべこべなことをしている。なぜかというと、私たちは、第三の部分のなかで時を費やしているし、また私たちは、まったくそれに夢中になっているからだ。だが私たちは、第一のものをまるでおろそかにしている。だから、私たちは嘘をつくけれども、嘘をついてはいけないという証明は準備ができているわけなのだ。

五十三

すべてのばあいにおいて、私たちはつぎの考えを掌中のものとしておかねばならぬ。

一 われを導きたまえ、おお、ゼウスと、汝《なんじ》、定めの女神よ、
わが場所と汝ら定めし処《ところ》へ、
たじろがずわれ従い行かん。
よしやわれ従わざるも、
臆病者《おくびょうもの》として、劣らずわれは
引かれ行くべし。①

二 「必然にうまく譲歩する者は
われらには賢者にて、
彼は神的なものを知れる者なり②」

三 「しかしクリトンよ、もしそれが神々のお気に召すなら、そうなるがいいのだ③」

四 「アニュトスもメレトスも[4]、私を殺すことはできよう、だが、私の魂を傷つけることはできない[5]」

(1) クレアンテスのゼウス賛歌の一節である。ストアでは「運命」というものがあって、賢者はこれに自主的に従うが、自主的に従わざる者といえども、決定されている運命をのがれることはできない。クリュシッポスは、これを車につながれた犬になぞらえた。協力すればいっしょに行くことになるが、従わなくともけっきょくは引きずられて行かざるをえない。この運命はまた摂理でもある。

(2) エウリピデス「断片」九六五。

(3) プラトン『クリトン』43dを少し変えたもの。

(4) このふたりの人物については、『語録』第一巻十章注(1)を参照。

(5) プラトン『ソクラテスの弁明』30cを少し変えたもの。

年譜

五五年

エピクテトス Epiktētos 誕生。西暦五〇年から六〇年までのあいだということであるが、便宜上、中間をとって五五年としておく。場所は小アジアのプリュギア、ヒエラポリスという町。母は奴隷、父親は不明。のち売られて、ローマに出る。主人は解放奴隷でネロに仕えたエパプロディトス。セネカがエパプロディトスの家をたずねたとき、奴隷のなかに足に障害をもつ賤《いや》しいプリュギアの少年がいた。セネカはその少年の顔に、落ち着いた、苦難に堪えてきたしんぼう強さを読んだといわれる。この少年こそ、のちのエピクテトスである。

五九年　四歳

皇帝ネロ、その母アグリッピナを殺す。

六二年　七歳

ネロ、三度目の妻であるメッサリナを殺す。その他、ネロの非人間的な行為、浪費、無軌道ぶりは、きりがない。

六四年　九歳

ローマの大火。六日目にいったん鎮《しず》まったが、また燃えてさらに三日間つづく。老若男女、殺到して、生命・財産を失う者多数。このときネロは大芸術家気取りで、燃えるローマを見ながら、「トロイアの陥落」を歌っていた。民衆はネロの放火と信じて非難。ネロは、時人から不信の目で見られていたキリスト教徒に罪を転嫁して、十字架と猛獣で虐殺。

六五年　十歳

ネロによる哲学者の追放。ムソニウス・ルフスも追放されて、キクラデス諸島の一つである不毛の島ギュアロスに行く。

この年、ピソの陰謀が発覚した。悪虐無道のネロをなきものにしようと、一味の者が謀《はか》ってはいたが、実行をためらって延期していた。計画の手順は、ネロが市民から取りあげたもので建てた「黄金の館」にいる日を選び、執政官《コンスル》のラテラヌス（『語録』第一巻二章を参照）が、家計の窮状で援助を乞《こ》うかのように見せかけ、油断のすきに倒し、護衛の副官その他が躍《おど》りかかって殺すというものであった。

しかし、ネロに最初の一撃を加えることになっていたスカエウィヌスの家から裏切者が出て、陰謀のいっさいは明るみに出された。なかにセネカの名もあった。これら一味はネロに虐殺される。セネカは死刑の宣告を受ける以前も以後も、おびえる様子はなく、ことばも顔つきも悲壮な気配さえなく、泰然自若としていた。

六六年　十一歳

ユダヤ人たちは、長年の不満に堪えかねて、ローマ人にたいして暴動を起こした。この年、聖パウルス殺される。ストアの哲学者トラセア（『語録』第一巻二章を参照）も殺された。彼は年頭の儀式、国家安泰、元首安泰の祈願にも欠席。そのことから、ネロの日ごろの軽佻《けいちょう》浮薄《ふはく》を非難し、ネロの不幸を喜ぶ者と中傷され、断罪と決まった。元老院の議決が彼に伝えられたとき、彼は犬儒派のデメトリウスと哲学の問題を論じていたが、まきぞえにならないようにと、居合わせた人々を退かせた。そして死をともにしたいという妻を戒め、「生き残ってくれ。われわれの娘から、たった一つの支えを奪わないでくれ」といった。

六八年　　十三歳

ネロはギリシアを旅行し、なにかと人気集めに腐心し、オリンピア競技種目に音楽を入れたり、自身、各種の競技に参加したりして、一等賞を獲得しては月桂冠《げっけいかん》に酔っていた。しかし西方諸国、とくにローマ人のあいだでは、ネロにたいする反感は大きかった。ウィンデクスは、女のような服装で竪琴《たてごと》をひくネロを非難し、ガルバ（ゲルマニアやアフリカの属州を統治していたりっぱな軍人兼政治家、すでに七十歳）に手紙を出して、ネロに代わって統治することをすすめた。ガルバはウィンデクスの言に従いはしなかったが、ローマにはいり、ネロを弾劾し、ネロに殺された多数名士の霊を弔い、みずからローマの元老院と国民との代行者と称した。これを聞いたネロは食事中であったが、驚きのあまり食卓をひっくりかえした。六月八日夜、目をさますと、ネロを守っていた警備の兵はいつのまにかいなくなっており、貴重品は毒薬入れの黄金の小箱までない。ネロは敵に殺されるよりは味方の手で死のうとするが、だれも手をかしてくれない。素足に寝間着、色あせた外套《がいとう》をすっぽりかぶって馬にまたがる。「ガルバ万歳！」の声のなかを後門からのがれる。雷雨がはげしい。やっと落ちのびる。自殺をすすめられるが、その勇気がない。追手の騎兵の蹄の音が聞こえてくる。気が気でない。ついに剣で喉《のど》を刺す。エパプロディトスが手伝う。時に六月九日。

ガルバ即位。ルフスは追放から召還される。ガルバは堅実にして質素、財政の建直しの必要から、人々のサラリーを減らし、支出に慎重。不平の徒が出て、野心のある者がこれに乗ずる。けっきょく、ガルバは無残な死に方をした。

六九年　十四歳

ウィテッリウス、ガルバに叛《そむ》いた者たちを処刑し、元老院の承認を得て即位。在位は四月から十二月まで。ウィテッリウスは口腹以上の楽しみなく、昼夜食っては吐き、吐いてはまた食い、それ以外は眠るばかり。なお性残忍で、側近の者をつぎつぎと殺したので、兵隊になぶり殺しにされた。彼の在任中、カピトリウムが焼けた。

七〇年　十五歳

ウェスパシアヌス、ローマ市民の乞いを容《い》れて即位。在位は七九年まで。まれにみる有徳の皇帝であった。ローマの大火で焼失したコロッセウム、カピトリウムを再建した。コロッセウムは七年後完成。

七一年　十六歳

哲学者の追放行なわれる。ルフスはこのときは免れた。

七三年　十八歳

ルフス、二度目の追放に会う。

七九年　二十四歳

ティトゥス即位。在位は八一年まで。ルフス、追放より召還される。エピクテトス、ルフスに師事する。八月二十四日、ウェスウィウス山噴火し、ポンペイなど埋没。このとき、博物学者プリニウス、遭難して死ぬ。

八〇年　二十五歳

カピトリウム焼ける。

八一年 二十六歳

エピクテトスの師ムソニウス・ルフス死す。享年六十一歳。ドミティアヌス、兄ティトゥスを毒殺して即位。在位は九六年まで。エピクテトス独立す。

九五年 四十歳

ドミティアヌス帝、キリスト教徒を迫害する。帝、性残忍にして、功績ある多くの将軍を殺した。エパプロディトス、ネロの自殺を幇助《ほうじょ》したかどで死刑にされる。ドミティアヌス帝、哲学者を追放する（八九年にも追放している）。貴族党を正当づける理論を恐れたためである。エピクテトス、この追放によりエペイロスのニコポリスに移り住む。このころ、のちエピクテトスの弟子となったアリアノス誕生。

九六年 四十一歳

ドミティアヌス帝、暗殺される。ネルウァ即位。在位は九八年まで。ローマの五賢帝のひとりである。

九八年 四十三歳

ネルウァ帝、知徳兼備のトラヤヌスを後継者に選び、病死。トラヤヌス即位。在位一一七年まで。五賢帝のひとり。

一〇三年 四十八歳

トラヤヌス帝、ダキア（ドナウ河下流の地）人を征伐する。

一〇四年 四十九歳

トラヤヌス帝、再びダキア人を征服する。

一〇七年 五十二歳

トラヤヌス帝、キリスト教徒を迫害する。ひとをして改宗させなければやまない彼らの熱烈さ、排他性、深夜の秘密会合などのゆえである。

一一七年 六十二歳

トラヤヌス帝東征し、シリアで病死。その名将ハドリアヌス即位。在位一三八年まで。五賢帝のひとり。旅を愛し、ギリシアを好む。ギリシア語はラテン語より達者で、文学・哲学に親しんだ。この年、歴史家タキトゥスが死ぬ。

一一八年 六十三歳

ハドリアヌス帝、キリスト教徒を迫害する。

一二三年 六十八歳

ハドリアヌス帝、アテナイに住居を移す。

一二四年 六十九歳

ハドリアヌス帝、ニコポリスにエピクテトスを訪問する。

一三五年 八十歳

ハドリアヌス帝、ローマにアテナエウム（Athenaeum）という研究所を建て、専門家に哲学・法律・修辞学などを講義させる。

一三六年　八十一歳

アリアノス、カッパドキアの知事に赴任。エピクテトスはこのころ死んだというのが通説である。

エピクテトスの死後、アリアノスにより、エピクテトス『語録』、およびその要約と抜粋である『要録』が編まれた。その正確な成立年代は未詳である。

盲　目　20
沐　浴　112, 156, 169
役　人　26
遺言状　92
ユダヤ人　28
夜鳴鳥　4, 130
夜更かし　106

ラ・ワ行

ライオス　133
ライオン　3, 18, 135, 140
ラテラヌス　8
ランプ　23
——に火をともし　38
——をなくした　55
リュクルゴス　109
リュケイオン　158
ルフス（ムソニウス・）　9
瀝　青　182
蠟　146
驢　馬　1, 25, 118, 143, 152, 162
ローマ　8, 39, 161
——で見世物　136
——の兵士　179
われを導きたまえ　122, 161, 228

反——　22, 28, 83
指導能力　12, 37, 73, 99, 102, 126, 208
慈　悲　3
無——　132
十字架　78
自由人たち　69, 70
十人はひとりにまさる　53
生者必滅　81
白《しら》髪《が》のひげ　135
慎　重　65〜68, 73
スパイ　39, 40
セイレン　121
摂　理　1〜3, 14
ゼノン　94, 215
——の著書を　38
先取観念　45, 85, 87, 159
善の本質　51, 66, 106, 199
ソクラテス　50, 54, 56, 63, 72, 76, 77, 81, 101, 126, 134, 139, 143, 145, 158, 169, 191, 212, 215, 222, 227
ソース　111
大　胆　65〜67, 73
脱走奴隷　61
直角三角形　85
壺　180, 190
洩らぬ——　180
ディオゲネス　40, 97, 169, 197
哲学者先生　109
哲学入門　55
デメトリウス　48
テルモピレ　110
十日間寝ていて　98
トラセア　9

ナ・ハ行

何行読んで　157
汝みずからを知れ　24
ニコポリス　48
二十分の一税　71
ネ　ロ　8, 48
農神祭　45, 56
跛　行　193, 198
——の老人　4
恥ずべき死　67
パラドックス（＝一般の考えに反して）　50, 65, 73
悲劇役者　58, 62, 142
脾《ひ》　臓《ぞう》　94
ピュティア　213
復　讐　107, 179
二つの柄　221
プルウトン　111
ペイディアス　17
平民服　41
ヘシオドス　103
蛇　48, 49
ヘラクレス　18, 19
方向転換　70
補導係　148
ポリュネイケス　211
ポレモン　132, 133, 171

マ・ヤ行

鞠遊び　81, 82
三日おき　100
無　畏　69, 152
無情念　156
メレトス　54, 77, 229

「エピクテトス」索引
(数字は，主要な該当ページを示す)

ア・カ行

アイオロス 7
アカデメイア 158
——学派 105, 108, 110
アガメムノン 45, 151
アキレウス 33, 45, 120
アグリッピヌス 10
油 115
——がこぼれた 195
——壺 40
アルキビアデス 101
アンティゴノス 94
意　志 22, 44, 51, 53, 73, 78〜80, 117, 121, 139, 146, 154, 158, 175, 180, 182, 191, 193, 195, 209
——外のもの 55, 59, 66, 67, 71, 73, 93, 117, 147, 158
——的なもの 67, 71, 73, 93, 177
——能力 116〜119
無花果《いちじく》 13
意　欲 6, 92, 157, 160, 170, 187, 189, 224
容器《いれもの》 180
宇　宙 56
——国家 84
——の周期的回帰 68
乳　母 31, 147
エジプト人 29, 88
エピクロス 38, 105, 107, 108, 118
——学派 106
お化け 68
解放(奴隷)(税) 8, 70
菓　子 23
烏 138, 198
癇癪玉 111
基　準 87〜90, 118, 176, 177
着　物 1, 22, 49, 55, 81, 129, 169
——における紫色 135
ギュアラ 48, 161
球　根 192
キュリエウオーン 100
靴 1, 35, 119, 169, 202
首をちょん切る 52, 55
クリュシッポス 122, 224
言語能力 117〜119
コップ 205
コーラス 42, 142

サ・タ行

さいころ遊び 79
賛美歌 3
鹿が羽毛を 66
視　覚 14, 15, 22, 28
自　然 2, 16, 17, 28〜30, 38, 48, 136, 167, 168, 225
——学 118
——にかなう 27, 29, 75, 83, 174, 191, 195
——に逆らって 146
——の本業 2

中公
クラシックス
W92

語録 要録

エピクテトス

2017年3月10日初版
2024年2月1日4版

訳者　鹿野治助

発行者　安部順一

印刷　TOPPAN
製本　TOPPAN

発行所　中央公論新社
〒100-8152
東京都千代田区大手町1-7-1
電話　販売 03-5299-1730
　　　編集 03-5299-1740
URL https://www.chuko.co.jp/

Published by CHUOKORON-SHINSHA, INC.
Printed in Japan ISBN978-4-12-160172-8 C1210

訳者紹介

鹿野治助（かの・じすけ）
1901（明治34）年山形市生まれ。山形高等学校を経て京都帝国大学文学部哲学科卒業。西田幾多郎門下。京都工藝繊維大学教授、大阪医科大学教授を歴任。ドイツ語、哲学専攻。1991（平成3）年死去。主要訳書にエピクテートス『人生談義』（岩波文庫）等。

解説者紹介

國方栄二（くにかた・えいじ）
1952（昭和27）年大阪生まれ。京都大学大学院文学研究科博士後期課程修了、京都大学博士（文学）。主な著訳書に以下がある。『プラトンのミュートス』（京都大学学術出版会）、『ギリシア・ローマの智恵』（未知谷）、『哲学の歴史2』（共著、中央公論新社）、翻訳は『アリストテレス全集19』（共訳、岩波書店）、『ソクラテス哲学者断片集』I～III巻（共訳、岩波書店）、『ソクラテス以前の哲学者たち』（共訳、京都大学学術出版会）、『プラトン哲学入門』（共訳、西洋古典叢書、京都大学学術出版会）等。

■「終焉」からの始まり
――『中公クラシックス』刊行にあたって

二十一世紀は、いくつかのめざましい「終焉」とともに始まった。工業化が国家の最大の標語であった時代が終わり、イデオロギーの対立が人びとの考えかたを枠づけていた世紀が去った。歴史の「進歩」を謳歌し、「近代」を人類史のなかで特権的な地位に置いてきた思想風潮が、過去のものとなった。

人びとの思考は百年の呪縛から解放されたが、そのあとに得たものは必ずしも自由ではなかった。固定観念の崩壊のあとには価値観の動揺が広がり、ものごとの意味を考えようとする気力に衰えがめだつ。おりから社会は爆発的な情報の氾濫に洗われ、人びとは視野を拡散させ、その日暮らしの狂騒に追われている。株価から醜聞の報道まで、刺戟的だが移ろいやすい「情報」に埋没している。応接に疲れた現代人はそれらを脈絡づけ、体系化をめざす「知識」の作業を怠りがちになろうとしている。

だが皮肉なことに、ものごとの意味づけと新しい価値観の構築が、今ほど強く人類に迫られている時代も稀だといえる。自由と平等の関係、愛と家族の姿、教育や職業の理想、科学技術のひき起こす倫理の問題など、文明の森羅万象が歴史的な考えなおしを要求している。今をどう生きるかを知るために、あらためて問題を脈絡づけ、思考の透視図を手づくりにすることが焦眉の急なのである。

ふり返ればすべての古典は混迷の時代に、それぞれの時代の価値観の考えなおしとして創造された。それは現代人に思索の模範を授けるだけでなく、かつて同様の混迷に苦しみ、それに耐えた強靭な心の先例として勇気を与えるだろう。そして幸い進歩思想の傲慢さを捨てた現代人は、すべての古典に寛く開かれた感受性を用意しているはずなのである。

（二〇〇一年四月）

中公クラシックス既刊より

大衆の反逆

オルテガ
寺田和夫訳
解説・佐々木孝

近代化の行きつく先に、必ずや「大衆人」の社会が到来することを予言したスペインの哲学者の代表作。「大衆人」の恐るべき無道徳性を鋭く分析し、人間の生の全体的立て直しを説く。

意志と表象としての世界ⅠⅡⅢ

ショーペンハウアー
西尾幹二訳
解説・鎌田康男

ショーペンハウアーの魅力は、ドイツ神秘主義と18世紀啓蒙思想という相反する二要素を一身に合流させていたその矛盾と二重性にある。いまその哲学を再評価する時節を迎えつつある。

西洋の没落ⅠⅡ

シュペングラー
村松正俊訳
解説・板橋拓己

百年前に予見されたヨーロッパの凋落。世界史を形態学的に分析し諸文化を比較考察、第一次世界大戦中に西欧文化の没落を予言した不朽の大著の縮約版。

禅仏教入門

鈴木大拙
増原良彦訳
解説・ひろさちや

禅とは何か？　禅は虚無的か？　禅を世界に知らしめた、英文でかかれた画期的作品を学生だったひろさちやが邦訳。半世紀を経て校訂し、新たな解説をつけて甦る。